人生大学名人讲堂

爱迪生
光明使者的精彩人生

GUANGMING SHIZHE DE
JINGCAI RENSHENG

主　编：拾　月
副主编：王洪锋　卢丽艳
编　委：张　帅　车　坤　丁　辉
　　　　李　丹　贾宇墨

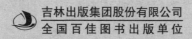

吉林出版集团股份有限公司
全国百佳图书出版单位

图书在版编目（CIP）数据

爱迪生：光明使者的精彩人生 / 拾月主编. -- 长春：吉林出版集团股份有限公司，2016.2（2022.4重印）

（人生大学讲堂书系）

ISBN 978-7-5581-0758-0

Ⅰ. ①爱… Ⅱ. ①拾… Ⅲ. ①爱迪生，T.A.（1847～1931）-生平事迹-青少年读物 Ⅳ. ①K837.126.1-49

中国版本图书馆CIP数据核字（2016）第041410号

AIDISHENG GUANGMING SHIZHE DE JINGCAI RENSHENG

爱迪生·光明使者的精彩人生

主　　编	拾　月	
副 主 编	王洪锋　　卢丽艳	
责任编辑	杨亚仙	
装帧设计	刘美丽	

出　　版　吉林出版集团股份有限公司
发　　行　吉林出版集团社科图书有限公司
地　　址　吉林省长春市南关区福祉大路5788号　邮编：130118
印　　刷　鸿鹄（唐山）印务有限公司
电　　话　0431-81629712（总编办）　0431-81629729（营销中心）
抖 音 号　吉林出版集团社科图书有限公司　37009026326

开　　本　710 mm×1000 mm　1 / 16
印　　张　12
字　　数　200 千字
版　　次　2016 年 3 月第 1 版
印　　次　2022 年 4 月第 2 次印刷

书　　号　ISBN 978-7-5581-0758-0
定　　价　36.00 元

如有印装质量问题，请与市场营销中心联系调换。0431-81629729

"人生大学讲堂书系" 总前言

昙花一现，把耀眼的美只定格在了一瞬间，无数的努力、无数的付出只为这一个宁静的夜晚；蚕蛹在无数个黑夜中默默地等待，只为了有朝一日破茧成蝶，完成生命的飞跃。人生也一样，短暂却也耀眼。

每一个生命的诞生，都如摊开一张崭新的图画。岁月的年轮在四季的脚步中增长，生命在一呼一吸间得到升华。随着时间的推移，我们渐渐成长，对人生有了更深刻的认识：人的一生原来一直都在不停地学习。学习说话、学习走路、学习知识、学习为人处世……"活到老，学到老"远不是说说那么简单。

有梦就去追，永远不会觉得累。——假若你是一棵小草，即使没有花儿的艳丽，大树的强壮，但是你却可以为大地穿上美丽的外衣。假若你是一条无名的小溪，即使没有大海的浩瀚，大江的奔腾，但是你可以汇成浩浩荡荡的江河。人生也是如此，即使你是一个不出众的人，但只要你不断学习，坚持不懈，就一定会有流光溢彩之日。邓小平曾经说过："我没有上过大学，但我一向认为，从我出生那天起，就在上着人生这所大学。它没有毕业的一天，直到去见上帝。"

人生在世，需要目标、追求与奋斗；需要尝尽苦辣酸甜；需要在失败后汲取经验。俗话说，"不经历风雨，怎能见彩虹"，人生注定要九转曲折，没有谁的一生是一帆风顺的。生命中每一个挫折的降临，都是命运驱使你重新开始的机会，让你有朝一日苦尽甘来。每个人都曾遭受过打击与嘲讽，但人生都会有收获时节，你最终还是会奏响生命的乐章，唱出自己最美妙的歌！

正所谓，"失败是成功之母"。在漫长的成长路途中，我们都会经历无数次磨炼。但是，我们不能气馁，不能向失败认输。那样的话，就等于抛弃了自己。我们应该一往无前，怀着必胜的信念，迎接成功那一刻的辉煌……

感悟人生，我们应该懂得面对，这样人生才不会失去勇气……

感悟人生，我们应该知道乐观，这样生活才不会失去希望……

感悟人生，我们应该学会智慧，这样在社会上才不会迷失……

本套"人生大学讲堂书系"分别从"人生大学活法讲堂""人生大学名人讲堂""人生大学榜样讲堂""人生大学知识讲堂"四个方面，以人生的真知灼见去诠释人生大学这个主题的寓意和内涵，让每个人都能够读完"人生的大学"，成为一名"人生大学"的优等生，使每个人都能够创造出生命中的辉煌，让人生之花耀眼绚丽地绽放！

作为新时代的青年人，终究要登上人生大学的顶峰，打造自己的一片蓝天，像雄鹰一样展翅翱翔！

"人生大学名人讲堂"丛书前言

  名人是一面镜子。名人成功背后的经验是我们成长路上宝贵的精神财富，名人的失败教训会让我们在人生奋斗的历程中多几分冷静，少走几段弯路。古往今来成大器者，都十分重视吸取名人的经验教训。牛顿说："我之所以成功，是因为我站在了巨人的肩上。"现代社会竞争激烈，每个想在成长途中少走弯路、多几分成功机率的人，都没有理由不去关注名人。我们不应忘记，那些站在世界历史殿堂里发出宏音、在人类文明进程中留下足迹的英杰伟人。他们以身作则，鞠躬尽瘁，奉献自己的光和热，为人类文明的进步起到了不可忽视的作用。

  "人生大学名人讲堂"丛书选择世界上最具代表性的10位各领域的名人，以传记故事为载体，通过生动有趣的故事，全方位地讲述其成长历程、主要成就和性格身份特征，真实地还原了一个时代伟人。本丛书用生动、富于文采的语言描述了各领域名人的生平轶事、成功轨迹，行文流畅，文笔优美，引人入胜。丛书内容翔实，不仅生动地记载了每位名人的生平经历，而且客观地总结了他们的成功经验和失败教训，文字通俗易懂，融知识性、趣味性于一体，足以为今人提供借鉴，帮助大家做一个有所作为、有益于社会的人。

此套丛书不同于名人传记大量罗列人物所取得成就的做法，避免行文苍白、单调的缺点，无论是《乔布斯·用思想改变世界的传奇人生》《爱迪生·光明使者的精彩人生》《特蕾莎修女·在爱中永生的灿烂人生》《爱因斯坦·科学巨人的人生启示》《贝多芬·同命运抗争的坎坷人生》，还是《卡耐基·洞悉人性的人生导师》《巴菲特·天才投资家的人生感悟》《松下幸之助·经营之神的人生智慧》《原一平·推销之神的人生真谛》《比尔·盖茨·世界首富的慷慨人生》，我们都能全方位地以一个常人的角度来解读人物的一生，客观地评价人物性格，看待人物的喜怒哀乐、人生起伏，从而在他们身上得到可以在今天的现实生活中实际应用的人生智慧和处世准则，同时也吸取他们身上的教训，在阅读他人人生故事的过程中完善自我人格。

读"人生大学名人讲堂"丛书收获经验和智慧，看世界伟人的传奇故事。名人在未获得巨大的成功之前也只是普通的一员，踏着名人成长奋斗的印迹，能让我们真切地感悟到他们成功的经验！你可以欣赏指点江山、叱咤风云的英雄伟人；探索一生、创造无限的科技精英；文采斐然、妙笔生花的文化巨擘；叩问生命、润泽心灵的思想大哲……你可以学习投资家的高瞻远瞩、博大胸怀；商业家的韬略智谋、机会驾驭；艺术家的激情创造、灵感飞扬；宗教领袖的独特理念、献身精神；科学家的坚持真理、不懈探索……你可以发现，伟大人物的成功之路虽有千条万条，但他们却拥有共同的秘诀：远大的理想和不懈的努力，敏锐的目光和果敢的行动，顽强的意志和坚定的决心……

成功之路，从这里起步。

第1章　天才是假，汗水是真——勤奋篇

第2章　人生才是最好的学校——教育篇

目录 Contents

第1章

天才是假，汗水是真——勤奋篇

爱迪生说："所谓的天才就是百分之一的灵感，加上百分之九十九的汗水。"这百分之九十九的汗水就是勤奋。没有人能随随便便成功，每天只靠着所谓的天赋或者小聪明坐享其成而不付出努力的人是不会有所成就的。在我国历史上有很多勤奋的人，他们通过不懈的努力成就了自己辉煌的人生。

第一节　一生之计在于勤

爱迪生一生有许多发明创造，可是当别人问爱迪生成功的原因时，他说："有些人以为我有什么天才，这是不正确的，所谓的天才就是百分之一的灵感，加上百分之九十九的汗水。"这百分之九十九的"汗水"就是勤奋。

成功靠的是勤奋的汗水

爱迪生曾在纽约成立了一个独立研究所，自从独立研究所开业后，他就热衷于发明，几乎到了废寝忘食的地步。

员工们说："咱们老板的精力，真是旺盛！已经有两个星期没有从研究所出来了。"

"他吃的饭都是叫人送进去的，不晓得睡觉的时候怎么办？"

"他累了，不管白天或晚上，就拿起书当枕头，躺在研究所里面的桌子上睡一会儿。顶多睡上30分钟，便紧张地跳起来，又继续他的研究工作。据说，一天就只这样睡个四五次而已。"

"哦，这么简单？"

"是啊，也就是说，他是把一天的睡眠，分成四五次睡。"

"真是了不起的人。他一想到发明，就把睡眠和吃饭都忘了。"

可是，他忘掉的不只是睡眠和吃饭，有时甚至把自己的姓名都搞忘了。有一天，爱迪生收到通知，说他税捐已逾期多日，催他赶快去缴税。爱迪生赶紧跑到税捐处去缴税。因为人多，需要排队按着顺序办理，他便排在最后，此时他的脑海里仍思索着一些事情，终于轮到他了。

"下一位，叫什么名字？"被这么一问，他突然愣住了："哦，我的名字是……"他竟然说不出来，这一下，税务员生气了："自己的姓名都忘了？下一位！"他就这样因为说不出姓名，误了缴税的时间而被处罚。

看到爱迪生这样努力，研究所的工人也都紧张而认真地工作。有时候，有四五十种发明同时在进行。如果某一部分发生故障了，爱迪生便说："各位，我们来找出'臭虫'吧。"发明或设备有不顺利的地方，爱迪生总是管它叫作"臭虫"。

有一次，他接到股份标识机的大量订单，机器却偏偏发生了故障，他便下令将工厂关闭了60个钟头，要工人进行改造和修理的工作，一直到"臭虫"完全被除掉，才把工厂的大门打开。"'臭虫'这个东西，总是跟着懒惰的人。我们当然要把它消灭，而且，也必须把它消灭。"爱迪生常这样说。

爱迪生研究所是一栋三层楼的建筑物。研究所的图书室在一楼，内部全是用槲木建成的，屋顶很高，里面用书架等隔成好几个小房间，非常整齐雅致。书架上摆满了50年来的英、德、法、意各国的专门杂志和报告书。走出图书室便是仓库，里面存放着有关研究所需要的药品和材料，应有尽有。仓库的另一边是占地很广的机械工厂。研究所需要的机器大多数可以在这个工厂里自主生产，所以不用到外面去订制。三楼有一个大房间，里面陈列着爱迪生的各种发明、器具和机械，好像是一个科学博物馆。另外还有一些小房间，其中一间是爱迪生的办公室，经常有位秘书在那里处理研究所的事务。爱迪生唯恐别人妨碍研究工作，便严格吩咐守卫，绝对不准闲杂人进入。

尼克是一个忠实的守卫，一直跟随着爱迪生，直到他去世。

当尼克还很年轻的时候，就在研究所里工作了。他第一次当守卫的时候，有一个衣着邋遢的人，来到研究所，并且擅自推开门想要进去。

"你有什么事呀？"

"有什么事？我要到研究所里，快开门吧！"

"不行的。"

"为什么？"

"除非有通行证，或者是爱迪生先生邀请的客人，除此以外一概不准进去。"

"哦，原来是这样。"这个人说完就走了。

尼克望着他那身邋遢的衣服，还暗地里骂了他这么一句："哼，大摇大摆地就想冲进来呀！"但说也奇怪，刚才那个人又跟着研究所的人回来了。

"你不认识这个人吗？"所员一本正经地问守卫尼克。

"不认识，爱迪生先生又没有交代过。"

这一下，所员可大吃一惊。"喂，老兄，这位就是爱迪生先生。"

从此，尼克便很受爱迪生的赏识。

爱迪生本人是一个勤奋的人，他的一生都在勤奋努力地工作。这就不难理解为什么他对同样做事勤奋、忠于职守的尼克那样赞赏了。

爱迪生出身低微，生活贫困，他只上过3个月的小学，老师因为总被他古怪的问题问得张口结舌，有一天竟然当着他母亲的面说爱迪生是个傻瓜，将来不会有什么出息。母亲一气之下让他退学，由她亲自教育。

这时，爱迪生的天资得以充分地展露，在母亲的指导下，他阅读了大量的书籍，并在家中建了一个小实验室。为筹措实验室的必要开支，他只得外出打工，当报童，搬报纸。最后用积攒的钱在火车的行李车厢建了个小实验室，继续进行化学实验研究。后来，化学药品起火，几乎把这个车厢烧掉。暴怒的行李员把爱迪生的实验设备都扔下车去，还打了他几记耳光，据说爱迪生因此终生耳聋。

1862年8月，爱迪生以大无畏的英雄气魄救出了一个在火车轨道上即将遇难的男孩。孩子的父亲对他十分感激，这位父亲没有什么能够报答的，便承诺愿意教他电报技术。从此，爱迪生便和这个神秘的电的新世界建立了联系，踏上了探索科学的新征途。

爱迪生一生勤奋好学，善于思考，努力工作。他活到84岁，一生中的发明有1100项之多，其中最大的贡献是发明了留声机和自动电报机，实验并改进了白炽灯和电话。

爱迪生就是凭借自己的勤奋和努力，取得了如此高的科学成就。在我国近代史上也有很多勤奋的人，比如周恩来，他通过不懈的努力成就了自己辉煌的人生。

周恩来一生勤奋

周恩来是一位非常勤奋的人。他年少时就读的南开大学是一所国内闻名的先进学校，对学生要求非常严格。学校里的课业负担很重，常有考试，考得不好就会被留级或淘汰。

在生活极其艰苦的情况下，周恩来"为中华崛起而读书"的意志却十分顽强。他入学后，住宿在学校里，每天起床钟一响，就立刻起床、跑步，保持着锻炼身体的好习惯。

起初，他英文基础比较差，为了攻克这一难关，他每天把全部课余时间都用来学英文。到了第二年，他的英文就相当好了。后来，他还能看懂许多的英文原著。

他的国文成绩也特别好，学校每两星期写一次作文，周恩来文思敏捷，提笔作文，一气呵成。在1916年学校举行的作文比赛中，他的作文被评为全校第一名。他的数学成绩同样很好，在笔算速赛中，他是48名参赛者中最快的一位，代数得满分，心算比别人笔算还快。

除了课堂学习，他在课外还读许多书报，尤其喜欢读孙中山先生革命派办的《民权报》、《民生报》，以及当时中外进步思想家的著作。

因此，他的知识丰富，眼界开阔，思想活跃。有一次，他在书店看到了一部精印的《史记》，就毫不犹豫地掏出伙食费把它买下，如饥似渴地阅读起来。

那时候，他对学习的目的已认识得很清楚。他在一篇题为《一生之计在于勤论》的作文中写道："人一生求学，唯青年为最大之时期，基础立于此日，发达乎将来。"他认为现在努力求学，是为了日后能"做事于社会，服役于国家，以其所学，供之于世"，他是在苦苦地打基础、做准备！

由于他勤奋苦学，品学兼优，全校师生都对他十分钦佩。校长称他为"南开最好的学生"，同学说他是"在万苦千难中创造出优异的成绩"。第二年，经老师推荐，学校破例免去了他的学杂费。周恩来成了全校唯一的免费生。

1917年6月，周恩来以全班第一名的优异成绩毕业。他在南开学校4年，把自己锻炼成了一名追求进步、品学兼优、多才多艺的青年。

作为一代伟人，周恩来的很多品质都是我们所要学习和追求的。他的成就不只在科学文化上，而是在生活学习中的方方面面。勤奋好学是他的一种生活方式，更是值得我们学习的做人做事的积极态度。

无论是爱迪生还是周恩来，他们都是终生勤奋的典范。当然，古今中外类似的伟人不胜枚举，这些伟人的辉煌之处不仅在于他们对于自己生命的诠释和对当时社会的贡献，而且在于他们感染着一代又一代人，以勤奋的态度对待人生。

第二节　书山有路勤为径

爱迪生几十年如一日，每晚都会在书房读3～5个小时的书，若用平常人一生的活动时间来计算，他的生命已经成倍地延长了。

勤奋是探索奥妙的必经之路

进入小学的爱迪生刚开始还很专心地听讲，但是两个月之后，他的态度变了。比如，上文法课的时候，他却在画船，有时候，他突然大声地发问："老师，星星为什么不会从天上掉下来？"老师愤怒地责备他，他感觉自讨没趣似的，不再多说什么，可是也不再专心听课。

有一次上音乐课时，别的小孩都在愉快地唱着歌，只有爱迪生没有唱，好像在想什么。"爱迪生，你为什么不唱歌？"老师这么问他。他却问道："老师，火车为什么会跑呢？"这出乎意料的回答让老师很生气。

爱迪生的成绩并不比别的学生坏到哪里去，但是只要想到问题，他不管是不是上课时间，都要提出来。有时候上数学课时，他也会问老师："老师，为什么会下雨？"老师被他的问题搞得啼笑皆非。

虽然爱迪生总被老师责备、罚站，但是他一点也不在乎，只要是他自己喜欢的事情，就是花费几个小时也会热心地去做，遇到不喜欢的事情连眼皮都不抬一下，不管老师如何责备他，他依然我行我素。或许，他的这种任性而顽固的性格正是爱迪生家族的传统吧。

起初，老师也认为爱迪生只是与一般的孩子不同，所以想尽办法指导他，但是都没有用，最后他们一致认为爱迪生是个低能儿。那时候，低能儿不能念普通学校，所以上学仅仅3个月，爱迪生的母亲南希就被请到学校。

"他也许是个低能儿，十分抱歉，只能让他退学。"

就这样，多年以后成为大发明家的爱迪生只上了3个月的小学就被宣布退学了。但是，母亲南希对儿子退学的事情并没有感到吃惊，因为她认为自己的儿子不仅不是低能儿，还拥有一般孩子所没有的才能。南希以前当过中学教师，她知道这样的孩子采用普通小学教育是没有办法发挥他的才能的。

于是南希便决定亲自教爱迪生，回到家里后，她对爱迪生说："以后，妈妈要自己来教你，不过你要好好用功。"

"真好！在学校总是被老师骂，所以我不喜欢上学。"爱迪生听了母亲的话感觉很开心。

母亲的家庭教育和学校大不相同。无论什么类型的书籍，只要爱迪生看得懂，不论有多难，母亲都给他看。

如此的教育方式确实取得了不小的成果。不到两三年，像吉本的《罗马帝国衰亡史》、休谟的《英国史》、席尔斯的《世界史》等史学名著爱迪生都能读懂。

爱迪生的母亲知道爱迪生对机械和化学实验很感兴趣，所以也让他读这方面的书，包括世界名著《自然与实验哲学》。这本书有好几百页，书中内容包罗万象。关于那个时代的科学知识，差不多都包含在内，是中学毕业生也觉得难以读懂的一本书。

爱迪生曾经这么说："那本《自然与实验哲学》是我10岁的时候第一次看的科学书，我把它选为最容易理解的书。"

这是多么令人吃惊的事情！爱迪生不但不是低能儿，他简直是个天才！不过，如此晦涩难懂的书不可能一下子就全懂，爱迪生向母亲请教了很多次，反复地念了好多遍，不顾吃饭，也忘了玩，一心一意研读这本书。最后连教他的母亲都支持不住了。

他的母亲说："爱迪生读起书来竟然是这样，难怪小学老师会觉得他很怪呢！"

爱迪生到了12岁，就开始念英国物理学家牛顿所著的《自然哲学的数学原理》。这本书里蕴含着很深的数学原理，连当老师的母亲都感到很困难，数学一向不太好的爱迪生也皱着眉头说："太难了，太难了！"

除了科学书外，爱迪生的母亲还让爱迪生看小说。但是父亲很讨厌小说，所以他表示反对。母亲想要说服爱迪生的父亲，她说："小说对培养想象力很有帮助。"

爱迪生很喜欢《鲁滨孙漂流记》《天路历程》等小说。最喜欢的是法国小说家雨果的《巴黎圣母院》和《悲惨世界》等。这些小说有时候让爱迪生感动得痛哭流涕。

可见爱迪生是一个"嗜书如命"的人。无论什么时候、无论什么类型的书，他都不知疲倦地研读着。当然，也许有些书籍中的内容是当时他的能力难以理解的，不过通过他的勤奋努力弥补了这些不足，他能够领会小说的主旨感情，能够看懂一些研究实验的奥妙所在。这些跟他的勤奋都是分不开的。

在我国历史上，勤奋读书的人有很多，砸缸救人的司马光就有闭门背书的佳话。

勤奋是一种习惯

司马光是我国北宋时期著名的政治家和文史学家，《资治通鉴》一书便是司马光主持编撰的。《资治通鉴》卷帙浩繁，所叙述的史事，上起春秋、下至五代。要写成这样的鸿篇巨制，没有丰富的知识是不行的，而司马光丰富的历史知识得益于从小养成的勤奋学习的好习惯。

司马光小时候聪明好学，他常常担心自己的记忆力和学问不如别人，所以不管在学什么东西的时候，都要花比别人更多的工夫。他常跟一些小伙伴们一起读书，其他孩子读了一会儿，勉强能够背诵了，就跑出去玩了。只有司马光还坐在那里认认真真地读书。每当这个时候，司马光总会拉下窗帘，把自己关在书房里，直到把书背得滚瓜烂熟了才放下书本。

长大以后，司马光仍然坚持着这种勤奋用功的习惯。他曾经用圆木做了一个枕头，并为这只枕头取名"警枕"，因为枕头是圆的，只要人睡沉了，一翻身枕头就会滚落到地下，"砰"的一声，自然会使人警醒，所以，司马光每次在半夜里枕头一滚落，便立刻起床，继续读书。

由于勤奋好学，他终于成了一名著名的学者。他在跟别人谈起他的读书经验时说："读书不可以不背诵，只有抓紧时间温习功课，才能把书读好。我有时骑在马上也读书，有时半夜醒过来，就不再睡了，或者读读书上的精彩片段，或者思考书中的道理。这样，我在不断的读书过程中，自然得到不少知识。"

子曰："温故而知新，可以为师矣。"司马光能够成为大学者，不仅仅因为他博览群书，还因为他注重反复诵读，不断温习。在反复的诵读、思考过程之中，古圣先贤的学问、思想便会逐渐被理解、消化，年久月深自然就会学问高深、道德高尚了。

自古以来，勤奋就是一个永恒的话题，只有勤奋，才能学业有成，事业鼎盛。因为勤奋，安徒生从一个鞋匠的儿子成为童话王。因为勤奋，罗曼·罗兰收获了二十年心血的结晶——《约翰·克利斯朵夫》；因为勤奋，巴尔扎克给人类留下了宝贵的文学遗产——《人间喜剧》；还是由于勤奋，爱迪生才有了一千多种伟大的科学发明；爱因斯坦才得以创立震惊世界的相对论；中国古人才给我们留下悬梁刺股、凿壁偷光、囊萤映雪的千古美谈。

第三节　以勤奋作为出发的起点

爱迪生为了实验往往连续几天不出实验室，不睡觉。实在累得不行了，就用书当枕头在实验桌上打个盹。他的朋友开玩笑说："怪不得爱迪生懂得那么多，原来他连睡觉都在吸收书里的营养。"

勤奋是一种美德

当年，爱迪生全力以赴地投入到电灯的研制中。他尝试用各种材料来做灯丝，比如稻草、麻绳、炭化的纸、玉米、棉线、木材、马鬃、头发、胡子以及铝和铂等金属，总共达1600多种。最后，经过一年多的艰苦研究，他终于找到了一种灯丝，这种灯丝能够使得灯泡持续发光45小时，但45个小时之后，看着灯丝慢慢熔化，他说道："如果它能坚持45个小时，再过些日子我就要让它烧100个小时。"

果然，两个月后，灯丝的寿命达到了170小时。当时的《先驱报》整版都用来报道他的研究成果，诸如"伟大发明家在电力照明方面的胜利""不用煤气，不出火焰，比油便宜，却光芒四射""15个月的血汗"……

就在这年的新年前夕，爱迪生把40盏灯挂在从研究所到火车站的大街上，接通电源，让它们同时发光，以迎接出站的旅客。无数的人听到这样的消息之后，专门赶来观看"奇迹"，由于人们当时只见过煤气灯，所以对这么伟大的发明，大家用最热烈的欢呼来称赞爱迪生："爱迪生万岁！"不但如此，最令人惊讶的是电灯不仅能发亮，而且说亮就亮、说灭就灭，爱迪生看起来简直就是一个神奇的魔法师。其中有个人盯着电灯看了许久许久，别人问他在看什么时，他喃喃说道："看起来很漂亮，可我就是死了也不明白这些烧红的发卡是怎么装到玻璃瓶子里去的。"

面对这一切，爱迪生并没有太得意，他对欢呼的人群说道："大家称赞我的发明是一种伟大的成功，其实它还在研究中，只要它的寿命没有达到600小时，就不算成功！"

这次事件之后，源源不断的祝贺信、电报和礼物从世界各地飞来，关于他的传闻也各种各样。所有的这一切，爱迪生都置若罔闻，他还是默默地待在自己的实验室，一次又一次地做着改进灯丝的试验。600小时的目标达到了，他又提出更高的目标。在他坚持不懈的努力下，他的样灯灯丝的寿命最后达到了1589小时！这些都得益于爱迪生勤奋刻苦、永不满足的钻研精神。他花了10年时间研究蓄电池的过程，再一次证明了他勤奋的美德。

勤奋贯穿科研始终

1900年初，爱迪生开始着手研制蓄电池。许多资料证明，爱迪生在1900年"除了蓄电池之外，他的眼睛什么也看不见"。他当时的敬业精神，同事中没有谁比得上；累了不管什么地方躺下就睡；醒了，不管是白天或黑夜，立即开始工作。

爱迪生后来曾这样说："留声机的发明可以借精巧显微镜的帮助，用我们的眼睛和耳朵去研究。可是，蓄电池却看不见，也听不到，只有用我们的心去观察，所以困难就在这里。现在市面上的蓄电池还有许多严重的缺点。原先人们认为可以用铅和硫酸来做蓄电池的想法根本就是错误的。"

爱迪生下了这样的判断，可是这使他的发明更困难。他不得不抛弃过去的所有理论和经验，独立去开拓前人未踏过的境地。爱迪生很早以前就研究过铅蓄电池，觉得铅蓄电池还很粗糙，还有很多可改进之处。

虽然爱迪生认为自己基本上已是化学专家，有许多这方面的知识和经验，但他为了完成新任务，还是毅然增加了实验室里的专家编制。

当时电工技术是南阿·肯内利同助手和实验员们致力研究的。爱迪生便吸收约翰·艾尔斯沃思来深入研究化学技术问题，有十几名化学专家归约翰·艾尔斯沃思领导。爱迪生给这一研究工作拨了巨款。

爱迪生详细研究了碱性溶液这种电解物，结果证明含有杂质的碎铁最适合于做负极。选择做正极的材料更加复杂，必须一点一滴地摸索着进行。正极是用细孔中充满各种物质的炭精棒制成的，他们用铜、钴、镉、镁做了实验，未能得到满意的结果。最后用氧化物的镍即氧化高镍来实验，证明最合适，于是制造出由氢氧化钾溶液做电解质的铁镍蓄电池。这种蓄电池简称叫镍铁。

为了进行大规模实验，爱迪生曾制造了大量各种各样的铁镍蓄电池。但实验表明，这种蓄电池的电量很小，只是偶尔才能达到每小时0.3安培。需要继续改进和加强蓄电池主要特性的研究。所用材料的纯度影响着蓄电池的蓄电量，当炼出了供实验用的优质加拿大镍后，蓄电池的蓄电量就增加了两倍多，蓄电量达到每小时1安培。

鉴于用于电极的金属的纯度具有巨大意义，爱迪生就在西奥伦治建筑了提炼铁和镍的小工厂。工厂设了实验室，研究这些在化学成分上很纯的金属的性质和作用，当时这还是一个未经充分研究的领域。

1903年前，爱迪生在制造碱性铁镍蓄电池过程中获得巨大突破，所以，可以实际试用碱性铁镍蓄电池了。碱性蓄电池组被安装在用链条带动轮轴的电动机的电动车上。电动车经受了各种实验,详细记录了与该车行驶和蓄电池作用有关的情况。实验室里安装了实验蓄电池的装置,这种装置能模仿蓄电池在使用时可能受到的那种颠簸。

实验取得了成功。爱迪生决定把这一发明转入工业生产,建立了"爱迪生蓄电池公司"和拥有450多名工人的碱性蓄电池工厂。

爱迪生开始为新蓄电池做广告宣传,并在同报社记者的谈话中透露了关于进一步发展这一事业的想法。报纸报道了爱迪生在电工技术方面所进行的新变革:

好像电的新阶段即"蓄积电能"的阶段已经到来,电能已能方便地满足水陆运输、陆海军技术装备、农业、日常生活等方面的需要。

根据阿·肯内利在美国电气工程师学会上所做的报告,1磅重的爱迪生蓄电池,比当时的铅蓄电池多出1.3倍的电能。发出1马力电能的蓄电池的重量比碱性蓄电池或铅蓄电池几乎轻2/3。在蓄电技术上,这当然是一个很大的进步。

爱迪生经过10年的努力,终于完成了"E型"蓄电池,得到了社会的好评。订货单很快如雪片般飞来,工厂立刻就忙碌了起来。

爱迪生制造了许多设备用来广泛地实验碱性蓄电池。在1903年,他制造了橡皮轮胎的蓄电池车,这辆蓄电池车后来在波士顿试行了390公里。该车在不用重新充电的情况下,曾行驶80公里至96公里。在390公里的距离里,该车曾在6个地方进行了重新充电,充电费用7.5美元。行驶完这段距离后,该车所有的蓄电池都处于良好的状态之中。

1904年,为参加圣路易斯城举办的世界博览会,爱迪生制造了30艘装有爱迪生蓄电池的游艇,展示了蓄电池电力牵引的良好性能。

爱迪生的蓄电池很快便投产了，而且销量不错，很多人购买了这种蓄电池，安装在自己的车上。

不久，人们发现了这种蓄电池存在严重问题：有时在车辆行驶中，电池中的化学液体会流出来，许多电池出现了电力衰减状况，以至于一些司机竟担心他们的车使用这种电池后是否还能开动。

这使爱迪生得知工作还没完成，于是立刻下令把工厂关闭，停止制造电池，把钱还给所有购买他们电池的人，而他自己重新开始了一个新的长期的实验。各地的用户买不到货，问商店，商店也莫名其妙。有些人便直接写信问爱迪生，爱迪生则认真地写了回信，向他们说明情况并道了歉。

爱迪生再次投入紧张的工作，寻找电池漏液的根源。到1905年夏天，实验记录簿上的新数字已经是1万多次。

这时，爱迪生所要搜寻的材料之一是铅。当爱迪生听说有位地质学家在北卡罗来纳的夏洛特发现了铅以后，他决定亲自去看一看。于是，他带着儿子查尔斯和另外三位助手，分乘两辆蒸汽车从西奥伦治出发直奔夏洛特。夏洛特没有旅店，他们自己搭起了帐篷，这个情景与30年前爱迪生观看日食的旅行很相似。

在电池再次推向市场之前，爱迪生解决了许多问题，其中最困难的是镍片的制作，这种镍片只有两万五千分之一英寸厚。在爱迪生看来，薄度是电池成功的关键，制造出适用的薄片是一种技术上的成功。

在爱迪生投入研究电池的第十年，他终于制成一种相当理想的镍铁碱电池。到1910年，投入大规模生产。这种蓄电池的优异质量出乎他和助手们的意料。

这种新型电池用途非常广。用薄镍片制成的蓄电池充一次电可使汽车走160公里，而一般铅蓄电池只能供汽车走80公里。而且，这种电池也不会因过量充电或连续放置不用而损坏，寿命相当于铅电池的好几倍。因此，在一段时间里，电车险些给汽车造成了危机。镍铁电池其实最适合于潜艇使用，这是爱迪生在实验之前未曾预料到的。

爱迪生式蓄电池也适合于无线电广播收音之用。蓄电池还可用于火车和轮船，还可作为远离发电厂的电力，例如远离城镇的农场。蓄电池的用途的确很大，直到今天，人们还在使用这种蓄电池。

由于爱迪生的蓄电池耐震程度高，起初一直被用在车辆上，后来由于潜水艇的发达，它的价值更提高了。潜水艇潜入水底后，是用钢铁制的大桶供给氧气，原来的蓄电池会产生有毒的气体，想要排除是不可能的。自从爱迪生用铁和镍做的没有毒气的蓄电池出现后，潜水艇几乎都采用这种蓄电池。

这种潜水艇用的蓄电池到底能用多久呢？

爱迪生很有把握地向海军当局承诺："好好保养并常常给水的话，经过4年以后，它的性能还是不变的。"

"哦，可以用4年？"海军当局负责人很惊奇地问了一句。

爱迪生很从容地回答："是的，4年，或许8年，可能比潜水艇用得久哩！"

A型蓄电池在1909年后开始出售。其后5年，爱迪生开始专心从事自己发明品的改良与完成，并进行其他有关的新发明。

爱迪生不但以勤奋作为出发的起点，并且将勤奋贯穿科研的始终，这种勤奋精神值得提倡，并且值得我们学习。在现实生活中，无论我们做什么事情，都要勤勉努力，投机取巧是不会取得成功的。

第四节　坚强来自于不懈的努力

爱迪生一生中的数千次实验中自然免不了一些失败、挫折，可挫折并没能使爱迪生灰心，相反使他变得更坚强。

坚强的"魔术师"

有一段时间，随着爱迪生声望的上升，新闻记者和科学杂志的编辑们常常来门洛帕克找寻新的题材。

他们知道爱迪生旅行回来后，一天到晚把自己关在所长室，立刻感觉到一定又有什么新发明要出现了。

某天，一位新闻记者在工厂附近走来走去，看到正在盖的新屋，就找到一个工人问道："这是什么建筑？"

"据说是要做新发明品的实验工厂。"

"新发明是什么？"

"我怎么知道？去问老板好了。"工人不耐烦地说。

这位记者感到一定有什么重要事将会发生，所以纠缠不休地追问工厂主任和工人，终于问出新发明是所谓"白炽电灯"，而且预定两年内完成，现在正是准备阶段。

记者有幸见到了爱迪生，问他关于新发明的问题，爱迪生只是笑笑，既不否认也不承认。

"这是奇妙的新闻。"记者赶快跑出研究所。

第二天的报纸大字登出："门洛帕克的魔术师又要从事新发明。"因为爱迪生一再推出奇特的发明，所以记者给了他一个特殊的头衔"门洛帕克的魔术师"。后来这个名号成为跟随爱迪生一生的绰号。

报纸指出新发明是白炽电灯，可能在两年内完成。如果只是这么说，也就没有什么问题，可是这位记者还说，如果这项发明成功的话，瓦斯灯就没人用了。

由于这条新闻，纽约的股票市场竟然陷入大混乱，以前被视为优良股的瓦斯公司股票一下子跌落了12美元。于是，瓦斯公司想办法召集反对爱迪生的学者，指出他的理论"与能量不灭的法则相矛盾"，"爱迪生的新计划，完全不可能，只是童话"。这类报道出现之后，就连英国的一位电学权威也说："想分割电流，只是空想。"

关于这一点，爱尔兰的一位著名教授说："英国电学权威的意见有些错误，爱迪生先生并不是反对理论，只是计划将理论用实际技术来连接，他解决过很多难题，对于他的能力，不应妄加论断。"只有这位教授仗义执言，帮助爱迪生说话。

爱迪生对于人们的批评一概不予反驳，只是埋头研究。他查阅关于瓦斯灯的论文和报告，做了200册约4万页的记录和图表，这是为发明比瓦斯灯更亮的灯所做的基础研究。正是因为爱迪生的不懈努力，才锻造了他坚强的人格。

坚持到底，永不放弃

门洛帕克研究所为了白炽电灯的发明，全体职工不眠不休地工作。但是时间一天一天地过去，转眼已过了一年，发明依然没有一点眉目，好像在黑暗中摸索一样。

性急的人一直在催促着，最后甚至说："这次可能是想要资本家拿出大钱，所以故意虚张声势。"那些出资人也不放心，与爱迪生产生了一些不快。

这是为什么呢？因为摩根等资本家预定发明一旦完成，就要立刻开办电灯公司，所以才拿出50000美元的实验费。可是，这50000美元到第13个月就差不多花光了。因此，他们不客气地表示，不愿意继续投资了。

社会的批评、资本家的威胁，再加上一年以上的不眠不休，这时候爱迪生真的觉得累了。他白天两眼发胀，晚上则因过度疲劳而失眠，服用安眠药才勉强能睡两三个小时。

自从开始从事发明工作以来，爱迪生经常睡在研究所的椅子上。夫人对他不放心，每到晚上，便做好热食，送到研究所去，看到丈夫严肃的脸，她也说不出安慰的话。

爱迪生已用了1500种以上的材料做耐用灯丝的实验，每种材料都做过好几次，到底一共做了几千次实验，但是全都失败，连爱迪生自己也弄不清楚。门洛帕克研究所内有爱迪生少年时代教他电信技术的站长，这位老先生辞去火车站长的职务来这里工作。爱迪生甚至将这位老人家的红胡须拔下来做细丝实验，可还是没有成功。

爱迪生最后采用昂贵的白金做灯丝，最后总算大致成功了。爱迪生立刻提出专利申请，1879年4月终于获得专利权。

这是爱迪生电灯的第一号许可。但是白金价格太高，距离作为实用灯丝，还差得很远，他还得继续开始用其他材料做实验。他一直认为世界上一定会有能接受电流而不熔化的物质。

有一天晚上，爱迪生在专心致志地思考，也不知过了几个小时，夜已深了，室内室外一点声音都听不见。这时候，他看到桌旁那些两年前用于电话实验的材料内含有碳素的块粒。

"这？"一瞬间，爱迪生的灵感似乎来了。

这种东西因为含有很多碳素，而碳素极易和空气中的氧气发生作用，只要通入电流，立刻就会烧掉，因此，从一开始，人们就认为用它做灯丝行不通。

可是当他做过白金灯丝试验后，知道使灯泡内成为真空，可延长发光时间。爱迪生心想："如果做成真空灯泡，碳素应该不会氧化，这样拿来作为灯丝也许可以成功。"爱迪生想到这些，立刻叫当班的助手拿棉线来。

"也许成功之钥就在身边。"爱迪生一面这么说着，一面望着助手，脸上露出已经许久没有见过的笑容。他把棉线浸满锡和焦油的液体，剪成所需要的长度，然后做成马蹄形，告诉助手：

"请你把这放在炉里烘烤5个小时。"

爱迪生兴奋地等待结果。

第二天助手好像捧着珍宝似的，将烘烤过的棉线拿来了。

"好像是成功了。"爱迪生很高兴地轻轻一摸，可惜这些好不容易烤成的碳素线却散掉了。没办法只好重新烘烤一次。这次从烤炉移到灯泡所在的地方，想装到里面去，不料又散开了。最后，他小心翼翼地，费了两天工夫，才把它装进灯泡里面。

"好，现在开始！"研究所内的人听到爱迪生的话全都围了过来，在大家的注视中，爱迪生慢慢地把灯泡内的空气抽掉，使它只保留1%气压，这样就近乎真空状态了。然后，开始通电流，爱迪生握着开关的手微微地发抖。一会儿工夫，如大家所期望的那样碳丝白炽电灯发出了光亮。听到大家的欢笑，工厂里的工人们全都跑了过来。

电灯的光过了5分钟，还在亮着，大家一直静静地注视着这光，心想到底能亮多久，这是个很重要的问题。1个小时……2个小时……3个小时……4个小时……5个小时过去了，电灯仍然亮着。

"所长，恭喜！"人们轮流和爱迪生握手。

"谢谢，我希望，它至少能亮10个小时。"

那天晚上，爱迪生和研究所的主要人员一直围着白炽电灯到天亮。第二天晚上电灯还亮着，一共亮了45个小时才熄灭。

爱迪生花了5万元的投资和13个月的辛苦努力，才发明出这世界上第一盏碳丝白炽电灯。

一个伟人的成功之路并不是一帆风顺的，有时候也会经历一些流言的指责和伤害。但是爱迪生是坚强的，他坚持着自己的信念，并且通过自己不懈的努力向世人证明了自己的胜利和那些研究存在的价值。

第五节　好工作都披着勤奋的外衣

许多人错失机会，是因为机会伪装了起来，扮成了"辛苦的工作"；大多数人失去工作，是因为这些工作披着"勤奋"的外衣。

勤奋是得到好工作的有力武器

年轻时爱迪生和朋友亚当斯来到西部联合电报公司面试。米利肯经理和爱迪生见面还不到5分钟，这位以电信专家而闻名的经理就一眼看中了爱迪生。

"你准备几时上班？"

"马上就可以。"

"那么，请你下午5点30分上班吧！"

在当天的17时30分，一分都不差，爱迪生就出现在中央电信局了。

那天晚上，天气阴沉而寒冷。

爱迪生旁若无人地走了进来，屋里的其他报务员都觉得他很不顺眼。

"这个怪人，一定是从西部来的，非给他点颜色看看不可。"一番交头接耳后，大家都一致决定要戏弄他，但爱迪生一点也不知情。

"你负责这里。"他一看被指的地方，写着"纽约第一号"。爱迪生毫不犹豫，手里拿着铅笔就坐了下来。因为纽约那边有一个很能干的电信人员，正使波士顿这批人感到招架不住。

过了约有1个钟头，从纽约发来了缓慢的电讯。"嘟，嘟，嘟。"爱迪生把一条腿放在椅背上，很悠闲地从口袋里拿出口香糖塞进嘴里，再提起铅笔检视一番，大约发了50个字，他才开始工作。

这时，从纽约发来的电讯，速度快起来，爱迪生桌子上的收报机，不断地急促响着。爱迪生抬头一看，同事们都停止了工作注视着他，想看新来的这个小子是怎样应付那些高速的电讯的。这一来，天生不肯认输的精神激起了爱迪生的斗志。他马上集中注意力，收听电报机上的声音，他手的动作比机器还快。

看来像是纽约的发报人感到焦急了，故意把字发得不清楚，或乱加符号，但在西部那种不太完善的电信设备下磨炼出来的爱迪生，毫不在乎这种状况。他仍用端正的字体写下来，标点符号也记得很清楚，就是再无能的印刷工人也不至于认错。

最后，纽约的电信人员大概是累了，速度渐渐减慢了。爱迪生便向对方发报，内容是："喂，老兄，你怎么这样不灵活呢。你大概累了，可以用另一条腿发报呀！"他的意思是讥讽对方的发报技术不行，说他大概是不用手而用腿发报的。自此以后，波士顿的同事们再也不敢小看爱迪生了。

经过这次"考试"，米利肯对爱迪生特别注意起来。他发现爱迪生平时少言寡语，踏踏实实的，喜欢埋头闷干，一个人在那里悄悄地研究二重发报法，更觉得他是报务员里的佼佼者。有一天他把爱迪生叫过来问道："听说，你最近在研究什么新发明是不是？"

"新发明？"爱迪生心想经理怎么会知道，看样子这个地方又要待不下去了。先前在印第安纳波利斯研究二重记报机，经理一发现就毫无道理地把自己给撵了出来。后来在孟菲斯搞二重发报法，上司知道后，鼻子里喷出一股冷气，说："不管哪个笨蛋都应该知道，一条线上是没有办法同时拍发两个电报的！"认为这是"异想天开"，是"存心捣乱"，就这样也把自己给赶出来了。现在，"新发明"3个字听起来似乎挺体面，但闹不好又是个不大不小的"罪名"，又要卷铺盖走人了。

米利肯见他说了半句，就瞪着眼睛只顾寻思，开始不免有点奇怪，想起亚当斯曾经谈过爱迪生的往事，对爱迪生的心情也有所理解了。他便对爱迪生说："你放心，我这个人虽老，可是不顽固，对于新鲜事物还是很有兴趣的。你这个新发明很重要，如果能成功的话，等于铁路铺上双轨，无形之中，一条线变成了两条线。"

爱迪生见米利肯态度很诚恳，于是便把他研究二重发报机的情况跟米利肯说明了。米利肯听后凝神思索了一会，说："很好，主要的关键问题已经解决了，眼下这几个问题只要再加把劲，我看不会有大的困难。"爱迪生说："我也是这么想，过些时候我打算正式试试看。"

从这天开始，爱迪生的科研工作做得越发起劲了，只要一有时间就着手二重发报机的试验。他没早没晚、整日整夜地工作着，根本没有吃饭睡觉的时间。实在是饿了，就胡乱吃上一点；眼皮实在重得抬不起来了，就迷迷糊糊趴在桌上打个盹儿，总共加起来，一天还睡不到4个小时的时间。

终于在这年年初，当波士顿的春雪还未完全融掉的时候，他制成了一台崭新的二重发报机，结果证明先前付出的所有努力都是值得的。当地的报纸立即在显著的位置刊登了这则消息，专业性的《电报杂志》也以《爱迪生与二重发报法的发明》为题发表了评论。大家一致认为这项发明非常重要，是电报发展史上一件极有意义的大事。

现代的很多人都抱怨找不到好工作，殊不知好工作都披着"辛苦"的外衣，它需要你用勤勉的态度、勤快的行动去争取。爱迪生就是用自己的勤奋抓住了一份好工作。

一切成功的事业总是掌握在那些勤勤恳恳并勇于付出的人手中。在职场中，大多数老板都是十分精明的，他们都希望拥有更多优秀的员工，并期望这些员工给企业带来更多的价值。如果你能够努力付出，尽力完成自己所能完成的工作，那么总有一天，你能够在众多员工中脱颖而出，赢得自己想要的职位。

事业的成功离不开勤奋

世界著名的成功学专家拿破仑·希尔曾经聘用了一位年轻的小姐当助手，替他拆阅、分类及回复他的大部分私人信件。当时，她的工作是听拿破仑·希尔口述，记录信的内容。她的薪水和其他从事相类似工作的人大致相同。有一天，拿破仑·希尔口述了一句格言，并要求她用打印机打印出来——"记住：你唯一的限制就是你自己脑海中所设立的那个限制。"她把打好的纸张交还给拿破仑·希尔时说："你的格言使我获得了一个想法，对你我都很有价值。"

这件事并未在拿破仑·希尔脑中留下特别深刻的印象，但从那天起，拿破仑·希尔可以看得出来，这件事在她脑中留下了极为深刻的印象。她开始在用完晚餐后回到办公室来，并且从事不是她分内而且也没有报酬的工作。她开始把写好的回信送到拿破仑·希尔的办公桌上。

她已经研究过拿破仑·希尔的风格，因此，这些信回复得跟拿破仑·希尔自己写的一样好，有时甚至更好。她一直保持着这个习惯，直到拿破仑·希尔的私人秘书辞职为止。

当拿破仑·希尔开始找人来补这位男秘书的空缺时，他很自然地想到了这位小姐。但在拿破仑·希尔还未正式给她这项职位之前，她已经主动地接受了这个职位。由于她在下班之后，在没有支领加班费的情况下，对自己加以训练，终于使自己有资格出任拿破仑·希尔的秘书。

不仅如此，这位年轻小姐高效的办事效率引起了其他人的注意，有很多人为她提供更好的职位。她的薪水也多次得到提高，现在已是她当初作为普通速记员薪水的4倍。她使自己变得对拿破仑·希尔极有价值，因此，拿破仑·希尔不能失去她这个帮手。

很多员工普遍都有这样一种心态，自己是打工者，因而只做与自己职责相关，并与自己所得薪水相称的那些工作。这样一种心态定位使你只盯着自己分内的那些工作，而不想额外多干一点，甚至连自己分内的工作都不努力去做，敷衍了事，被动地应付上司分派下来的工作，几年过后，除了拿那点薪水，你毫无所获，甚至因态度不积极，自己的那份工作和薪水也保不住。抱着这样的冷漠心态打工，你就永远只能是打工者，甚至连工也没得打，只好忍饥挨饿，在抱怨中过着贫穷的生活了。

第六节　勤奋孕育财富，懒惰制造贫穷

通过爱迪生的事迹我们还可以懂得：勤奋孕育财富，懒惰制造贫穷。这种贫穷可能是物质上的，也可能是精神上的。

爱迪生的作风——想到就立即行动

1859年，爱迪生已经12岁了。由于母亲的教育，爱迪生念了不少书，学习了不少有用的知识，不过现在他已经不能再从母亲那里学到什么了。

一天晚饭后母亲问爱迪生："爱迪生，以后想念什么书？"

"我想做化学实验，也想多看一点电气方面的书，这次欧洲和美国间的大西洋海底电缆真是壮观。"以前欧洲和美国之间，信件来往需要一个多月，自从有了海底电缆，只要几分钟就能通电报，这件事在美国成为大新闻。

"为了得到更多知识，我想买书，也想买化学药品。不过，这么一来，要比现在花更多的钱，我想自己去赚钱。"

父亲说："爱迪生，念书的钱，我可以负担。"

爱迪生坚定地说："不行，我想用自己赚的钱念书。我已不是小孩了。"

父亲和母亲听了这话都欣慰地笑了。"这样很好，人要勤劳才对。你以前也卖过菜，不过半工半读会比以前更辛苦。"

"但是，共和党的林肯也是穷人家的孩子，他就是半工半读，据说这次要出来竞选总统呢！"

"这么说，你是不想输给林肯了，哈哈……"父亲笑着说。那时候爱迪生家经常谈论林肯想竞选美国第十六任总统的事。

"爱迪生，你想做什么工作？"爱迪生的母亲这么问。

"我想去卖报，迈克也在卖报，他说很好卖。"

父母同意了他的想法。卖报这份工作，早上卖完报，剩下的时间还可以看书，而且镇上报纸的销路很好，这也是事实。

那时候，美国的铁路向西部扩展，新垦地发现了金矿、石油，与印第安人产生冲突等种种新闻，每天都会见报。关于政治问题，因为南北双方关系交恶，战争可能随时都会爆发，每天在议会上也有争论，全国国民都很关心。关于海外的新闻，也有迫使日本打开门户、签订新条约；在地中海苏伊上运河的大工程开工；在中国，英国和法国联合与中国作战等吸引人的新闻也有很多，所以报纸的销量很好。

　　经过认真考虑，爱迪生说："我决定在火车内卖报纸和杂志。"听了爱迪生这话，父母都吃了一惊。休伦港和底特律之间约100公里左右的旅程，火车每天早上7点从休伦港车站出发，3个小时之后约早上10点能够到达底特律站，休息到下午6点再从底特律开回，晚上9点返抵休伦港，每天往返一次。

　　听了爱迪生的话，母亲不能理解地问："上午10点到达底特律，一直到下午6点共有8个小时，这段时间，你要怎么打发？"

　　"就是因为这样，"爱迪生很兴奋地说，"这段时间我想到底特律的图书馆去看书，那里的图书馆比我们这里的更好，藏书有16000册，我想把这些书全部看完。"

　　"把图书馆的书全部看完，你知道需要多长时间吗？"

　　"只需3年，我就会把它们看完。还有，我已获得铁路局的准许，可以在车内卖报纸、杂志和糖果。"爱迪生把获得权利的经过详细地述说了一遍。

　　刚开始铁路局经理听说爱迪生只有12岁，不肯答应这件事。

　　无论什么事只要想做就一定要完成才肯罢休的爱迪生，只碰了一次钉子，哪里肯就此放弃呢？一天、两天、三天、四天，爱迪生不停地恳求，最后对方只好问他："你卖报纸赚了钱，打算怎么用？"

　　"我有很多想看的书，赚了钱就用来买书，还想买些作化学实验用的药品。"

　　"你的想法很了不起！"经理听了爱迪生的话赞赏道。

　　"火车需要走3个小时，客人们一定会觉得无聊，所以我想，让先生们读新闻，女士们看杂志，孩子们买糖果吃，这样他们就会有一次愉快的旅行。如此一来，人们觉得火车旅行很有乐趣，我也能赚钱来买书。"

　　"很好，你的确是个了不起的'实业家'。"经理夸奖他。

　　经理很欣赏这个少年的志气和智慧，所以答应了他的请求。爱迪生在回家的路上去镇上报社说好，从第二天起每天分配给他

50份报纸。

爱迪生的策划是正确的，为了打发旅途的寂寞，乘客们很乐意买报纸或杂志。中途上车的乘客也会买，所以生意很好。

白天爱迪生在图书馆可以看不少书，回去的时候又向底特律的报社买来其他报纸卖给乘客。爱迪生全身心投入了工作，不管下雨、刮风或下大雪，一天也不肯休息。

没过多久，铁路又增加了一班车，爱迪生又获得在车内贩卖的权利，他又雇用了一个少年，让他在快车上卖东西。爱迪生每天可以进账8至10美元，最多之时有20美元左右，差不多有一半的纯利。对一个只有12岁的少年来说，这是一笔很可观的收入。每天爱迪生从自己赚的钱里拿出一部分给母亲，剩下的就买书或药品以及实验器材，后来，爱迪生的地下室研究所慢慢有了规模。

爱迪生卖报的火车由三节车厢组成，第一节是普通车，第二节是妇人、小孩专用车，第三节是行李车。行李车内隔为行李室、邮信室、吸烟室，实际上吸烟室几乎没有人使用，所以，爱迪生就把要贩卖的东西放在那里。

火车一开动，爱迪生就立刻开始贩卖。卖得差不多了，就到吸烟室里看书。火车到底特律以后，他又可以到图书馆里去看书。

但是，化学实验必须等晚上很晚回家才能在地下室做，所以爱迪生感到时间很不够用。于是他想利用车内空闲的时间来做实验。

在行驶中的火车内设实验室，如果正式提出申请，一定不能获准。这是任何人都能想象到的，所以爱迪生只好偷偷地做实验。

于是，第二天爱迪生就搬了些实验器材和药品到火车上来做实验。最初只有一点药品，后来，数目慢慢增加，车厢变成了一间完整的车内实验室。这件事情只有司机知道，因为他不认为有什么不好，不过他一再叮嘱爱迪生要特别小心。但是，一旦爱迪生开始做实验，就不能在列车内跑来跑去卖东西了，他需要看住试管内药品的反应。

于是，爱迪生又想到了一个办法。那时候美国小学在星期六和星期天都放假，他就让一些小学生替自己卖东西。爱迪生立刻着手进行自己的新计划。孩子们很高兴自己不仅能不花钱乘车旅行，还可以赚些零用钱。自从用了这个办法，爱迪生在星期六和星期天就可以随心所欲地做实验了。

想到的事情，立刻付诸实施，这就是爱迪生的作风。

在生活中，我们也有一些早就应该做的事，却一直拖拖拉拉，我们总给自己找借口：没有时间，明天再做。明日复明日，到最后我们发现一事无成。现在，如果遇到想做的事，你只有一个选择，即马上去做。想到就立即行动，你会发现你的生活也会变得更加充实。

勤奋可以创造财富

1860年，林肯被共和党提名竞选总统。爱迪生当时只有13岁，虽然对政治问题没有什么兴趣，但他还是很喜欢林肯。当年11月6日投票日，爱迪生也紧张地等待着竞选结果。林肯以50万票的票数击败了反对党代表道格拉斯，终于成为美国第十六任总统。

"胜利了！"爱迪生拍手叫好，报纸的销量也激增。

按照美国的传统，虽然选举是在11月举行，可是新总统就职却在第二年的3月，就在这段时间里产生了一个大问题。

当时美国南部各州盛产棉花，这些地方一向都从非洲买黑人当奴隶采摘棉花，而这位新总统认为："黑人同样是人，把他们买来当牛马役使是很不人道的事情，再说，人用金钱来买卖人口也是不对的。"

林肯主张恢复奴隶的自由，南方人认为如果没有奴隶，就没有人干活，田地也就没有收获，所以对林肯深表痛恨，甚至不惜声称："我们要建立一个新的国家。"

　　于是，佐治亚州、亚拉巴马州、密西西比州、路易斯安那州、佛罗里达州、得克萨斯州、南卡罗来纳州7个州宣布脱离合众国，组成了"南方联邦"。

　　美国北部各州因为工业发达，没有用黑奴，所以一致拥护林肯的主张。

　　爱迪生因为之前住在北部的俄亥俄州，后来又搬到北部的密歇根州，所以一直没有了解过黑奴的悲惨生活。

　　1861年4月，美国的南、北双方开始打仗，这就是有名的"南北战争"。

　　同胞互相残杀，让每个美国人都很关心，因为想知道战事的结果，大家抢着看报。

　　有一天爱迪生到达底特律站的时候，发现车站前的布告板前围了很多人。

　　"到底发生了什么事情？"爱迪生挤上前去，原来布告板上张贴着新闻报告说，双方发生激战，有25000人伤亡。

　　"这可不得了！"爱迪生飞快跑到车站的电信室，对电信员说："拜托，请你立刻拍电报给各站，要他们在车站布告板张贴南北双方发生激战，有25000人伤亡的消息。"

　　因为这不是站长的命令，电信员正在犹豫，爱迪生焦急地说："请快点拍出去，像这样的消息，有必要争取时间告诉大家。凡是有家人在战场上的，一定很关心。如果你拍了，以后每天我送一份报纸给你。"

　　听说每天会送一份报纸给他，电信员立刻开始拍发电报。

　　爱迪生随即跑到底特律自由报社说："今天多给我1000份报纸，现在只有300份的钱，不够的明天付给你。"说完，爱迪生立刻掏出身上所有的钱。

"什么？1000份？"报社里的人吓了一大跳。

"是的，刊载南北战争激战消息的报纸一定可以卖完1000份，我已要他们在各车站的布告板贴出消息。"

"好吧，你比记者还敏捷。"

报社的人很佩服地将1000份报纸卖给他。这天，爱迪生没到图书馆去，而是把印好的报纸搬上火车。

这一次，爱迪生又预料得很准确。

在回程的火车上，旅客因为已经看过布告板上的简讯，一个个抢着买报纸，想了解内战的详情。

沿途有些小站，平常只能卖四五份，那天却卖了近百份。精明的爱迪生将5美分一份的报纸涨到10美分，人们也不计较这区区5美分了。

快到终点站休伦港的时候，每份又涨到25美分。1000份报纸就这样全部卖光了爱迪生一下子赚到了比平时多很多的钱。

虽然爱迪生利用战争灾难牟利一事是不道德的，但他灵活的头脑和勤劳的品质，值得我们学习。

小爱迪生用自己的勤奋为自己和家人创造了不少的财富。通过这件事我们还可以懂得：勤奋孕育财富，懒惰制造贫穷。懒惰是指缺乏行动的欲望，不想做任何事。对于当代的青少年来说，懒惰有很多表现，包括不爱从事体育活动与劳作，日常起居极无秩序，不讲卫生，做事不专心，心情也总是不愉快，对周围的一切漠不关心，没有责任感，不会主动地思考问题等等。懒惰是要不得的，只有勤奋努力，才能获得财富，取得成功。

第七节 世上没有任何努力是徒劳的

俗话说："种瓜得瓜，种豆得豆。"人生就是一块最诚实的土地，你播种什么就收获什么，你给予多少就得到多少。

努力付出总会有回报

成功发明电灯后，爱迪生又带领他的科研团队开始了关于电影摄像机的研究。

爱迪生的公司于1889年开始拍摄电影，一直到1915年才结束。自从爱迪生在1888年产生了制造一台电影机器的想法后，他的大部分精力就转向了这里。据爱迪生说，在他知道了戈尔诺尔于1833年所发明的活动画片玩具后，他就产生了制造电影机的想法。

爱迪生曾经认真地研究过戈尔诺尔的这个装置：它是由一个圆筒组成，圆筒壁上刻有许多条与轴相平行的缝隙。圆筒内，缝隙的下面有一条纸带，纸带上绘有某一动作的连续图像。如果使圆筒往一个方向疾转，从缝隙里看对面绘有图像的纸带，看到的仿佛是运动的图像。这一装置是根据人的眼睛的视觉惯性对运动所造成的错觉制造的。

法国的埃·日·默里和美国的埃·缪伊布里茨都做了使人产生图形在运动的印象的实验，这是很有意思的。缪伊布里茨沿着跑马场的跑道排列上几架照相机，于是就拍出了马奔驰的一系列连续性照片。

照相机快门用电线连接，铺放在跑道上的木板上，跑来的马匹一旦踏上小板，就把照相机快门打开了。当用具有相应的和均匀的移动速度的装置把这一连串12张和更多的连续性照片投影到屏幕上时，屏幕上就出现了马奔驰的图像。

爱迪生了解到，1886年，缪伊布里茨拍摄了许多走动的马、狗、鸟等题材的照片。在此之前，他已改用一架装有同支撑轮一起转动的干底板照相机进行拍摄，一秒中拍摄了12张照片，这是一种明显的进步。

爱迪生对缪伊布里茨的这些实验很感兴趣，虽然实验结果还不太完善，但爱迪生注意到一点：一定可以利用视觉的惯性现象来获得活动物体的图像。

爱迪生的助手乌·迪克逊是一个摄影爱好者，所以爱迪生就委托他设计出一架拍摄活动目标的照相机。爱迪生对他作了具体指导。

当时各种照相机差别不大，但仍可以挑选到最适合于这一目的的类型。助手迪克逊挑选了这一类型的照相机。1888年初，他拍摄了许多活动目标的照片，而且每一个画面的尺寸都不超过1.6毫米×1.6毫米。拍摄出来的这些画面是这样的：其总和应构成所拍摄物体的动作的一个完整过程。

爱迪生的助手提出了一个新的想法：用快速拍照法来进行连续拍摄，这样就可以获得大量图像并通过利用视觉惯性现象的装置来观看这些图像。

虽然其他方面的工作极其繁重，但爱迪生还是积极地亲自着手研究这一问题。经过几个月的研究之后，爱迪生于1888年10月8日向专利局提出了这一初步装置的专利申请。他在申请书中对这一装置的作用作了如下叙述：

我正在实验一种机器，这种机器可以为眼睛制作像留声机为耳朵做的事情；这种机器能拍摄活动物体并放映出来，而且其形式也是既经济实用又方便。我把这种机器叫作活动电影放映机，即激动景物机。

爱迪生运用的制作方法是把具有连续性的一系列图像快速拍摄到位于圆筒或扁平盘上连续不断的螺线状带上。这一过程与他所发明的用留声机进行录音的方法相似。值得注意的是，圆筒的转动是断续的，当圆筒不动时再进行拍摄。

圆筒表面应有一层感光层，圆筒的转动和停止都应与照相机快门的启闭同步，而且应当是自动的。在用固定不动的照相机的情况下，无论要使圆筒转动，还是要使圆筒作纵向位移，都要使用电动机操作，而不能用手操作。

爱迪生在对这些器械继续进行实验中得出的结论是：

采用如留声机那种能连续转动，而又能作连续纵向位移的圆筒是更加正确的；拍摄本身就应当是断续的，并且使用与人的眼睛的视觉惯性因素相一致的速度拍摄。

1891年5月20日，爱迪生的第一台活动电影视镜开始向公众展示，展示地点是新泽西州西奥伦治的爱迪生实验室。

这种改装型的机器在内部装了一台电动机，可使50英尺长的胶卷从供人们观看的放大镜下通过。

同年，爱迪生在美国又申请了活动电影放映机专利。但由于他没有在其他国家提出这一专利申请，以后出现了一些意想不到的后果。

虽然这台装置可容下50英尺长的胶片，可在当时所能生产的胶片没有这么长，因为第一台摄像机一次只能用几厘米长的胶片。

为了实现自己的目标，爱迪生需要寻找一个令他满意的长条胶片。经过不断寻找，他在柯达公司的创始人，被尊为"摄影王"的乔治·伊斯门那里找到了他所需要的长条胶片。

伊斯门当时已经开始出售赛璐珞做的底片了，用这种底片来代替感光板，被命名为"伊斯门底片"。这一产品正合爱迪生的口味。于是，爱迪生心中充满欢喜。他立刻找到了伊斯门，并与他商谈合作事宜。

双方共同研究了底片的构造与大小，之后通过两人的共同努力，制造出更加方便使用的胶片。一直困扰着爱迪生的长胶片问题终于在伊斯门的帮助下解决了。

活动电影放映拍出的每幅影像起初只有半英寸大，后来爱迪生觉得太小，就把尺寸改为一英寸半大小，中间画图占据1英寸的地方，边上多余的地方留着穿打小孔，套在一种小轮的齿上，可以避免其滑脱。

每当放映时，快门便迅速地打开。这时外边影像的光线便直接照射在感光胶片上，接着胶片又被急速地向前拉过一段，以这样的进度连续地进行，每秒钟就可以拍摄出46个影像来。

1893年，爱迪生建成了第一座电影摄影棚，即助手们称之为"黑马利亚"的电影制片厂。电影制片厂的四壁都涂上了黑颜色，因为当时人们错误地认为，在拍摄时必须消除其他光源的影响。

该电影制片厂从1893年到1894年间，曾以女舞蹈家、技巧运动家、杂技演员和驯化动物等为题材拍制成影片。

1894年，根据爱迪生的发明，美国成立了一个在商业方面进行研究的"活动电影放映公司"，并于1894年4月14日在纽约百老汇的大街开幕。接着，各地也都先后建立了"活动电影沙龙"。所有这些活动的电影机都装有硬币自动投放装置。

爱迪生想，为使影片的内容多样化，也不应只限于看半分钟影片。1894年夏季，"黑马利亚"电影制片厂拍摄了拳术家利奥纳尔德和库申格主演的影片，就使用了长达350多米的胶片。影片一共分成4个部分来放映，每一部分都可以由单独的活动电影放映机来放映。

百老汇大街的活动电影放映机馆门前人山人海，主办人不得不请来警察维持秩序。这个影片的放映极大地促使了活动电影放映机的普及，进而更加赢得了广大群众的喜爱。

当时有个叫托马斯·阿尔瓦马特的美国人制造了一个大型的早期电影放映机"维太放映机"。从此，爱迪生和阿尔瓦马特的共同研究工作走上了轨道。

1896年，爱迪生开始筹办一个配有银幕和阿尔瓦马特放映机的影剧院。银幕的尺寸是7米长、4米宽。

爱迪生第一次给报社记者放映电影是在1896年的早春。从4月23日开始，就开始在先驱广场的音乐厅里公演。

爱迪生在纽约的布朗克斯建设了一个大型电影制片厂，在此后的几年时间里，他已经成为美国最大的电影和电影设备生产者。

1907年以后，美国成立了一个"电影专利有限公司"。该有限公司承认爱迪生的所有专利权，并加以使用。

1912年2月7日，爱迪生在纽约放映了有留声机配音的有声电影。经过改进的留声机有一个用琥珀油制成的圆筒，它出色地给由莎士比亚的悲剧《尤里乌斯·恺撒》改编的电影片段配了音。

"会说话的"影片持续时间不超过8分钟。所以这种有声电影的放映在持续不少于一个小时的一场放映时间内只能是一个插入节目。

爱迪生费了很大力气来专门研究电影，因为他一开始就认识到电影在文化和社会生活中一定会具有巨大意义。

爱迪生后来说："用不了20年，我们就可以用电影，而不是用书本来给儿童讲课。"

他不主张完全或部分取消课本和学校的教学形式，但他深信，引人入胜的直观电影教学会使学生更好地掌握知识。

爱迪生还适时地生产了一些小型放映机。因为美国有相当一部分人有时间又有钱，他们希望能在家里看电影。爱迪生为了降低影片的价格，拷贝是用小画面做的。他在1912年生产的一些影片是标准的35毫米宽。

同年，爱迪生成功地创造出有声活动电影，把留声机和活动电影合二为一。

在研究过程中，爱迪生感到最困难的是收取远处的细微声音，这就要求收音器必须要特别灵敏，结果他又造出了采音器，凡距离40英尺以内的大小音波，都能收取。

这台灵敏的采音器连在高速照相器外面就成为一架有声活动电影制片机。在制片时，演员一开始表演谈话唱歌，摄制人摇动器柄，影像和声音就可以同时制作完成。

电影放映时，电影机和幕前的留声机通过电线相连，放映人员就可以操纵幕前的留声机，同时打开声音和动作，二者配合得天衣无缝。

爱迪生对于电影摄像机和放映机的研究、制造、完善又一次走上了技术上的成熟。

连失败都看作是有意义的爱迪生，似乎在他的字典里就没有"徒劳无功"这个词。当然，他的努力和心血也没有让他失望。每个人都希望有收获，但看到自己长时间努力之后还见不到成果，难免就会怀疑自己当初的努力。其实不是这样的，每一次成功的背后都凝聚着了努力的汗水，每一次付出都有它的意义。

付出就一定有收获吗？可以肯定的是，尽管付出与收获很多时候是不成正比的，但付出就一定会有收获，即使仅仅是收获幸福的感觉。很多时候，人们付出时，总想着别人应该怎样来回报自己。其实，多做好事，使生命更有价值，这本身就可以算是一种报酬。

没有任何努力是徒劳的，所有的付出都会在最后以"成功"的方式回馈你。

第 2 章

人生才是最好的学校——教育篇

学习并不单单指在学校接受的教育，它也不是特指某个阶段要完成的任务，学习是一辈子的事，而这一辈子的"学业"就需要我们用整个人生来完成。现在的中学生在学校中无忧无虑地接受老师的教育，而一旦踏入人生这座校园中，就必须学会自我教育，自我提高。

第一节　人生的校园需要自我教育

学生在学校学习时，有老师和家长的教育、督促与帮助。一旦走入社会，没有人督促你、帮助你的时候你就需要自己学会自主学习。正如爱迪生有如此多的发明并不是得益于3个月的学校教育，而是因为他懂得自学，知道自己充实自己。在人生这所校园中，他懂得自我教育。

自我教育对人生有重要的意义

众所周知，爱迪生一生只上过三个月的小学，他的学问是靠母亲的教导和自修得来的。他的成功应该归功于母亲自小对他的谅解与耐心的教导，归功于社会这所"学校"给他灵感，才使原来被人认为是低能儿的爱迪生长大后成为举世闻名的"发明大王"。

爱迪生对电影、放映机的发展做出了巨大的贡献。他对电话、电报和打字机均作了重要的改进。他的其他发明中有留声机、油印机和蓄电池。总计起来，爱迪生有2000多项发明，这是一个令人难以置信的数目。

但是，这2000多项发明也不是随便就可以发明出来的。爱迪生发明电灯时，光收集资料就用了200本笔记本。为了找到合适的灯丝，他先后用过铜丝、白金丝等约1600种材料，甚至还用过头发和各种不同的竹丝，最后选中了日本的一种竹丝，经过燃烧炭化后，成为最初的灯丝。

自我教育会使自己更勤奋更有目标

学校教育终有结束的一天，但是学习是需要坚持一生的事。走出学校，走向社会，不过是从一个实体的学校，走向一个看不见、摸不着，却时刻影响着我们的"人生的校园"。而想在这个校园中收获最多的智慧，必须依靠自己。

一旦进入社会，首先要面对的就是工作，工作是实现自我价值的一种方式，公司只是为我们提供了一个可以展示和发展自己的平台。我们在为公司的事业大厦添砖加瓦的同时，也在建筑属于我们自己的"房子"，那就是我们的职业前途。我们的价值只能在工作的过程中得到体现，我们的任何目标和理想都必须通过工作来实现。

资深策划申振武曾说："如果你认为每天是在为老板打工，那么你大错而特错！抱着这种心态工作，你永远不会成长和发展，亦将永无'出头之日'，更谈不上干一番事业！"

一天，主人在两辆马车上装满了货物，并且让两匹马各拉一辆车。在路上，一匹马总是落在后面，还磨磨蹭蹭地走走停停。主人便把所有的货物都搬到前面的马车上。这时，那匹原本磨磨蹭蹭的马一看自己车上的货物没有了，就步履轻快地向前跑起来，还对另一匹马说："你就傻乎乎地干吧，总有一天累死你！"

到达目的地以后，有人建议主人："既然你只用一匹马来拉车，那就没必要养两匹马，不如只喂养那匹拉车的马，把另一匹宰掉，起码还能得到一张皮呢！"主人听从了他的建议，真的就把那匹偷懒的马杀掉了。

这匹不好好拉车的马的下场给了我们很好的答案。如果我们不好好工作，就会像这匹马一样失去价值，被职场淘汰，所以说到底我们是在为自己工作。

> 汉斯和诺恩同在一个车间里工作，每当下班的铃声响起，诺恩总是第一个换上衣服，冲出厂房，而汉斯则总是最后一个离开，他十分仔细地做完自己的工作，并且在车间里走了一圈，看到没有问题后才关上大门。
>
> 有一天，诺恩和汉斯在酒吧里喝酒，诺恩对汉斯说："你让我感到很难堪。"
>
> "为什么？"汉斯有些疑惑不解。
>
> "你让老板认为我不够努力，"诺恩停顿了一下又说，"要知道，我们不过是在为别人工作！"
>
> "是的，我们是在为老板工作，但是，也是在为自己工作，"汉斯的回答十分肯定有力，"大多数人正像你一样，并没有意识到自己在为他人工作的同时，也是在为自己工作——你不仅为自己赚到养家糊口的薪水，还为自己积累了工作经验，工作能带给你的价值远远不止薪水而已。"
>
> 诺恩听罢，毫无表情，他很不愉快地走了。
>
> 此后诺恩依旧比较懒散，而汉斯则一如既往地继续努力着。
>
> 一年后，诺恩表现平平，而汉斯则因业绩非凡而多次受到上司的表扬。
>
> 又过了半年，诺恩被老板炒了鱿鱼，失业的诺恩流落街头，靠捡破烂为生，而汉斯则当上了分公司的老板。
>
> 看到与自己同步打工的汉斯与自己有着天壤之别后，诺恩才开始后悔当初没听汉斯的话。

"我不过是在为老板打工"，这种想法具有很强的代表性，在许多人看来，工作只是一种简单的雇佣关系，做多做少、做好做坏对自己意义并不大。这种想法是错误的，它对公司和自己都有非常坏的影响。

其实我们都是在为自己工作，因此我们要投入百分之百的勤奋和激情来工作。拿多少钱，做多少事，钱越拿越少；做多少事，拿多少钱，钱越拿越多——此话的确为真理。你愿意工资越拿越少吗？但如果一个人的工作目的仅是为了工资的话，那么他可能会无法走出平庸的生活模式。

　　某公司员工，在公司已经工作了10年，薪水却从不见长，职位也没有提升。他觉得自己为老板工作实在很不值得。有一天，他终于忍不住内心的郁闷，当面向老板诉苦。

　　老板说："你虽然在公司待了10年，但这些年你对待工作都敷衍了事，你的工作经验实际不到1年，能力也只是新手的水平。"态度决定结果，10年的大好青春年华浪费后，这名可怜的职员得到的只是1年的工作经验和毫无长进的工作能力。如果他能懂得工作是为了自己，全身心地投入工作，提升自我，相信他绝对不会在10年中收获寥寥。

　　作为一个职场中人，一定要明白一个道理：一个人工作的最大受益人绝对不是老板，而应该是自己。我们应该在老板提供的展示和发展的舞台上精炼技艺，表演出越来越精彩的人生之戏。所以，我们是在为自己工作，这个信念必须注入到我们的思维深处。

　　工作是生活中不可或缺的组成部分，工作能为我们提供生存所需的物质资料，也能带来实现价值与理想的精神支撑。只有把工作当成自己的，你才会全身心地投入到你的工作中去，你才能获得精神和物质上的回报，拥有理想的社会地位，并最终实现你的人生目标。

　　中国第一职业经理人唐骏曾说："我从来就没觉得我在为比尔·盖茨打工，为陈天桥打工，我就是在为我唐骏打工。我在经营我自己，我在为自己打工。"成功的人之所以能够成功，是因为他们懂得自己为什么工作，在为谁工作。工作是在为自己一点点地积累着物质与精神财富。

　　20世纪50年代初，有一个叫柯林的年轻人，每天很早就到卡车司机联合会大楼找零工做。后来,一家百事可乐工厂需要人手去擦洗工厂车间的地板,没有一个人去应征,但柯林去了。有一次,有人打碎了一箱汽水,弄得满地都是泡沫。他虽然很生气,但还是耐着性子把地板抹干净了,因为柯林明白:这是他的岗位职责。而他的这一举动恰好被公司领导看到了,第二年他便被调往装瓶部,他仍旧认真地完成自己的本职工作,第三年他就被提升为副工长。

许多年后,全世界的目光都聚焦在他的身上——美国前国务卿柯林·卢瑟·鲍威尔。

他在自己的回忆录中写道:"工作是为了自己,只要你永远认真努力地去对待自己所从事的工作,并把每一件事情做好,你一定会有所成就的。"

确实,我们工作的目的是为了满足生存需要,但除此之外还有更高层次的追求,那就是自我价值的实现。

第二节　通过挫折教育锤炼承受力

每个人都会经历种种不同的磨炼,然而在磨炼过后,我们都会变得成熟,变得更强大,向往美好未来的信心也随之更加坚定。

挫折可以提高勇气

在一个隆冬的夜晚,爱迪生的工厂突然失火。顷刻之间,做唱片用的材料赛璐珞、化学品及大量的可燃物品全部燃烧起来。

由于火势太猛，8个城镇的消防队相继赶来进行灭火。然而，这并没能为爱迪生挽回些许的损失，他所有的财产都在大火中被烧光。

这时的爱迪生已经67岁了，人们都在揣测，这场大火也许烧去了爱迪生所有的希望，也许他将从此心灰意冷地沉寂下去了。

当爱迪生看到熊熊烈火吞噬了整个工厂时，他先是怔怔地站在那里看了一阵子，突然又兴奋地大叫起来："这样的大火，真是百年难得一见啊。太棒了！旧厂房烧没了，我可以再建一间更大更好的工厂了！"

挫折并不可怕，经历多了我们承受力与能力自然也会越强。就像爱迪生一样，当成就成为灰烬，重新开始新的研究才是最好的补救方式。

经历过风雨，才能见到彩虹；经历过磨炼，才能获得成功。雏鹰不经历悬崖上的生死考验，怎能展翅高飞？花蕾不经历风吹雨打，怎能竞相绽放？柳条不经历寒冬的肃杀，怎能在春风的抚摸下一夜抽出新芽？

人的一生往往会经历很多的磨炼，这个过程是痛苦的、寂寞的，更是残酷的。或许它会让你终日独来独往，无可信之人依靠，无知心之人倾诉，就如同千里马遇不到伯乐；或许它会让你像贝多芬那样热爱音乐却双耳失聪，像霍金那般热爱科学却全身瘫痪，但磨炼过后，他们都达到了自己的理想境界。

在现实生活中，这样的事也不少见。或许他们并没有伟人那般的成就，但同样实现了自己的梦想。

挫折是一种考验，是成功的垫脚石

乒乓球奥运冠军邓亚萍是一位大家都熟悉并敬佩的人。

最初，这个身材矮小的小女孩曾有过被体校拒收的经历，虽然走上了体坛，但她并不被教练看好，也不被大家看好。她不像有些运动员那样终日被关注，她的存在似乎没有太多人在意。但她不服输，她小时候的梦想是成为世界冠军，所以她要朝着自己的梦想努力冲刺。尽管现实与梦想的距离太遥远，但她深信，只要付出努力，总会得到想要的一切。

通过努力，13岁时，这个小女孩创造了击败世界女子乒乓球冠军的奇迹。一般来说，遇到这种情况就可以进入国家队，但到了邓亚萍这儿却是个例外，她只进了国家二队——中国青年队。

尽管她创造了奇迹，但依旧没人看好她。而她告诉自己，要用实力证明自己能行！在之后的一年里，在5次与全国尖子选手的比拼中，她获得了4次冠军，一次亚军的优异成绩，最后才一波三折地进入了国家队。

尔后，这个娇小的女子获得了14次世界冠军，4次奥运会冠军，成了世界乒坛的"女皇"。

她的事迹告诉我们：人生中，没有磨炼就不会有成功！

一个人一生中会遇到很多打击、挫折、失败、困扰和苦难，它们对于人生意味着什么？如果你被它打倒了，你将一事无成；如果你能战胜它、超越它，它就会成为你进步的阶梯，成为你宝贵的精神财富。

大家都听过越王勾践"卧薪尝胆"的故事吧。

吴王阖闾打败楚国，成了南方霸主。吴国跟附近的越国素来不和。公元前496年，越国国王勾践即位。吴王趁越国刚刚遭遇丧事，就发兵攻打越国。吴越两国在檇李开展了一场大战。吴王阖闾满以为可以打赢，没想到打了个败仗，自己又中箭受了重伤，再加上上了年纪，回到吴国，就去世了。

吴王阖闾死后，儿子夫差即位。阖闾临死时对夫差说："不要忘记报仇。"夫差记住了这个嘱咐，叫人经常提醒他。他经过宫门，手下的人就扯开了嗓子喊："夫差！你忘了越王杀你父亲的仇吗？"夫差流着眼泪说："不，不敢忘！"他叫伍子胥和另一个大臣伯嚭操练兵马，准备攻打越国。过了两年，吴王夫差亲自率领大军去打越国。

越国有两个很能干的大夫，一个叫文仲，一个叫范蠡。范蠡对勾践说："吴国练兵快三年了。这回决心报仇，来势凶猛。咱们不如守住城，不要跟他们作战。"勾践不同意，决定发兵去跟吴国人拼个死活。

两国的军队在太湖一带交战。越军果然大败。越王勾践带了五千残兵败将逃到会稽，被吴军围困起来。勾践一点办法都没有了，他跟范蠡说："懊悔没有听你的话，弄到这步田地。现在该怎么办？"范蠡说："咱们赶快去求和吧。"

勾践派文仲到吴王营里去求和。文仲在夫差面前把勾践愿意投降的意思说了一遍。吴王夫差想同意，可是伍子胥坚决反对。文仲回去后，打听到吴国的伯嚭是个贪财好色的小人，就把一批美女和珍宝私下送给了伯嚭，请伯嚭在夫差面前讲好话。经过伯嚭在夫差面前一番劝说，吴王夫差不顾伍子胥的反对，答应了越国的求和，但是要勾践亲自到吴国去作奴隶。文仲回去向勾践报告，勾践把国家大事托付给文仲，自己带着夫人和范蠡去了吴国。

勾践到了吴国，夫差让他们夫妇俩住在阖闾的大坟旁边的一间石屋里，叫勾践给他喂马。范蠡跟着做奴仆的工作。夫差每次坐车出去，勾践就给他拉马，这样过了两年，夫差认为勾践真心归顺了他，就放勾践回国。勾践回到越国后，立志报仇雪耻。他唯恐眼前的安逸消磨了志气，在吃饭的地方挂上一个苦胆，每逢吃饭的时候，就先尝一尝苦味，还问自己："你忘了会稽的耻辱吗？"他还把席子撤去，用柴草当作褥子。经过十年的艰苦奋斗，越国终于转弱为强，而此时吴国已经走下坡路了。时机成熟后，勾践亲自带兵攻打吴国，屡战屡胜，最终灭掉吴国，一雪前耻。这就是"卧薪尝胆"的故事。

越王勾践起初是一个亡国之君，一个失败者。当时的他似乎已到了日暮途穷的境地，未来也几乎是一片黑暗。但苦难与失败并没有让他倒下，他没有气馁，也从未把自己当作一个败者而整日怨天尤人。他所做的就是坚持，一切从头再来，把苦难和失败当成一种考验，磨炼自己的意志，使自己奋发图强，最终苦尽甘来。

面对失败，最重要的是在失败中磨炼自己。苦难对于人生来说是一块垫脚石，对于能干的人是一笔财富，对于有志者则是前进的动力。思想上的压力甚至是肉体上的痛苦都可能成为精神上的兴奋剂。接受失败，从容站起，你将获得不一样的成功。

没有波涛的海洋，绝不是真正的海洋；没有波折的生活，也绝不是真正的生活。但是，山高高不过脚底，海宽宽不过航灯。面对布满荆棘的人生，面对挫折与失败，我们应该毫不畏惧，知难而上，因为失败也是人生中一道靓丽的风景线。战胜挫折后将享受更甜美的胜利果实。

第三节　授人以鱼不如授人以渔

经年累月的学校教育在给予我们大量知识的同时，可能也限制了我们的思考与创新能力。我们需要拥有自己的思维方式和行为方法，而不是人云亦云，只会跟随他人的脚步。

拥有自己的想法和生活方式

爱迪生利用研究的空余时间经常外出旅行。他大部分时间是在夏季会进行为期两周的野外露营。

这样的旅行常有大商人亨利·福特和博物学权威约翰·布朗博士参加，有时连哈定总统也会加入队伍之中。

一行人的轿车后面跟着卡车，到加州、内华达州、弗吉尼亚州、北卡罗来纳州、纽约州等地，也到南部山川地带去旅行。他们晚上不住旅馆，自己搭建帐篷，帐篷中使用爱迪生所发明的蓄电池，早晨他们去周边的小溪洗脸，大家徜徉在花草盛开的小丘上，听着虫声鸟鸣，喝着咖啡，就美国和世界问题彼此交谈。

有一次，爱迪生说："好像最近的学校教育都在造就一定形式的人，没有让人的智慧得到充分的发展。其实只要自己看书就能知道的事，没有必要非由教师来教不可。倒不如让青少年养成自己思考的能力，不然的话，将来是很难有什么大发展的。"

"我赞成你的看法。"随声附和的是福特。

"爱迪生先生，你觉得需要怎样的教育？"

"我的研究所每年都有许多青年想来就职。我提出种种问题来考他们，问题中很多都和发明与工业毫无关系。这些应征青年有的显出颇不以为然的样子，认为我的问题不在专业范围内，那样的青年我就不用。我提出许多题外问题的目的是想看看这位青年在精神上是否健全，是否具备在我的研究所工作的性格。"

"这想法很好！"

"福特先生，我也时常在想，美国今后必将有更大的发展，我们需要培养优秀的后继人才。美国青年中一定有不少优秀者，但是否有发掘这些优秀青年的方法呢？如果能发掘这样的优秀青年，我愿提供就读大学的奖学金。"

听过爱迪生的这番话，大家都很感动。那么，如何才能发掘优秀青年呢？各人有各人的意见。

最后亨利·福特说："请将你研究所的试题再做研究，每年让全美青年作答，凡成绩最好的颁给奖学金，这办法不知好不好？"

大家都表示赞成。这件事立刻付诸实施。审查委员除亨利·福特外，还有摄影大王乔治·伊士曼、麻省理工学院院长、横渡大西洋的飞行冒险家查尔斯·奥古斯都·林德伯格以及另一位学院院长等5人。

第一次考试是在1929年举行的，当然全美优秀青年都希望能够参加，但是爱迪生他们实行的办法是从各州选出一名优秀青年，再加上欧洲地区代表49人齐集爱迪生的研究所内接受最后考试。

考试结果拿到最高分92分的竟是一位16岁少年，另外还有3位少年及格。爱迪生马上拨给这4位少年就读大学的奖学金。

由此可见，爱迪生是不赞成那种刻板的教育方式的，他喜欢年轻人有自己的想法和工作方式。

延伸到教育的层面上来，什么样的教育方式才能使学生有自己的想法、方法呢？

懂得学习方法比掌握知识更重要

现在的教育早已不是"填鸭式"的灌输了，现在更讲究的是教会学生学习方法，这就体现了《老子》的一种哲学：授人以鱼，不如授人以渔。

两千多年前，苏格拉底的学生向他咨询什么是"诡辩术"，他没有做正面回答，而是列举了一个例子：面对唯一的一盆水，爱干净者和邋遢者谁更有可能先洗澡。从而让学生更全面、更深入也更快乐地理解了这一知识。无独有偶，两千多年前的孔子也强调对学生要"不愤不启，不悱不发"。两位先哲的教学方式惊人的相似。这种把自己当作引导者，抛砖引玉，以培养学生学习兴趣和质疑精神的教育方式正是现代素质教育所追求的。

有个渔人有着一流的捕鱼技术，被人们尊称为"渔王"。然而渔王年老的时候非常苦恼，因为他的三个儿子的渔技都很平庸。于是他经常向人诉说心中的苦恼："我真不明白，我捕鱼的技术这么好，我的儿子们为什么这么差？我从他们懂事起就传授捕鱼技术给他们，从最基本的东西教起，告诉他们怎样织网最容易捕捉到鱼，怎样划船最不会惊动鱼，怎样下网最容易请鱼入瓮。他们长大了，我又教他们怎样识潮汐，辨鱼汛……凡是我长年辛辛苦苦总结出来的经验，我都毫无保留地传授给了他们，可他们的捕鱼技术竟然赶不上技术比我差的渔民的儿子！"

一位路人听了他的诉说后，问："你一直手把手地教他们吗？"

"是的，为了让他们得到一流的捕鱼技术，我教得很仔细很耐心。"

"他们一直跟随着你吗？"

"是的，为了让他们少走弯路，我一直让他们跟着我学。"

路人说："这样说来，你的错误就很明显了。你只传授给了他们技术，却没传授给他们教训，对于才能来说，没有教训与没有经验一样，都不能使人成大器！"

由这则故事看来，这位渔王就犯了只授人以鱼而未授人以渔的错误，他只教给儿子们现成的成功的技巧，却没有使他们获得失败的经验和教训。那么，该如何授人以渔呢？

我们不妨借鉴爱迪生母亲的做法。她对爱迪生的教育绝不是直接教给他"2+2=4"这么简单，比如在爱迪生学母鸡孵蛋这样"荒唐"的事情时她没有强行阻止，而是鼓励小爱迪生自己去探索答案，这就是间接地教给爱迪生方法。

当代著名教育家钱伟长先生更是提出，在教与学的关系上，学是最根本的，是辩证统一关系中的主要一方。如果学生缺乏学习积极性，也不知道怎么去学更谈不上教学。因此，我们的课堂教学要教会学生怎么去学的方法，也就是教会学生自主学习的方法。指导学生懂得学习方法比掌握知识更重要。教育家叶圣陶先生就曾经说过："教是为了不教。"这是多么精辟的见解！的确，活的方法总比死的知识有用得多。学生一旦掌握了科学的学习方法，不但在学生时期能够充分发挥主观能动性，提高学习效率，而且在步入社会之后，对其终身学习和继续发展也有着深远影响，可谓受用一生。因此，青少年一定要主动掌握适合自己的学习方法。

第四节　没有爱就谈不上教育

教育中所说的"爱"既是指老师对学生的爱，又是学生对教学内容的爱。学生在受教育的过程中，如果没有对所学知识的热爱，教育就无从谈起。

爱迪生对科研倾其一生的爱

爱迪生虽然只上过3个月的学，但是在他退学后的漫长的"人生教育"中，他对科研的爱是倾其一生的。

1868年，爱迪生已经是21岁的青年了。他从17岁开始，4年多的时间一直在担任电讯技师，在全国各地来来往往。这段时间，他不断地学习电气方面的知识。这时的爱迪生考虑到自己的将来，心想，当一辈子电信技师没有什么意思，应该用所学的电气知识发明一些对世界有贡献的东西。

有一天爱迪生在报纸上看到刊载华盛顿国会的照片。照片中为了表决议案，几百位议员拿着赞成或反对的投票用纸，由讲台周围轮流走到主席台前。

这时，美国已经在1865年结束了长达4年南北战争，林肯再度当选为总统，但在同年4月14日却被暗杀了。接下来是安德鲁·约翰逊总统的时代，政治情况仍然不稳，每逢决定一条议案，就会不断有赞成和反对的争论。

爱迪生看见报上的照片，突然想到一个办法。国会议员们为了投票，浪费宝贵的时间是不值得的。如果议员们坐在自己的席位上，只要按钮就能让议长知道自己是赞成还是反对的话，便节约了很多时间。爱迪生想要发明这样一个东西。对电气知识十分在行的爱迪生从那天开始从事新的发明。

设计图完成后，爱迪生立刻到波士顿市的一家电气机械工厂。工厂主人是后来和贝尔一起发明电话的人。爱迪生在这人面前打开自己的设计图并加以说明。

"国会或州议会的议员们对议案的表决实在不必轮流走到主席台前，只要使用这个机器，1分钟就可以完成投票。投票时，议员们按一下装在自己桌子上的开关，赞成的按右，反对的按左就行了。这时投票计数器立刻就能显示出赞成和反对的总票数。"

"不错，这确是很奇妙的构想。"因为工厂主人也是电气专家，看了看设计图，他肯定了这台机器的优点。爱迪生在这个机械工厂首先订制了一台，接着就去申请专利。

那是1868年10月的事，第二年的6月1日投票计数器的专利许可证终于下来了。爱迪生手里拿着专利许可证，高兴得跳了起来，这是爱迪生几百个专利许可证中的第一个。"我要辞掉电讯技师的职务，以后专心致力于发明。"下定决心之后，爱迪生立刻辞去电讯技师的工作。机器已经设计完成，也取得了专利，剩下的就是如何把它卖给议会。可是现在的爱迪生没有一分钱旅费。

爱迪生辞去工作后，因为自费定做了投票计数器，口袋里只剩下一点伙食费，他心想："不用担心，只要把这台机器卖掉，就会有钱了。"爱迪生只好向朋友借钱，又把自己的藏书卖掉，设法筹足了旅费，兴高采烈地去华盛顿。

国会议员们对这台机器都很赞赏，爱迪生认为他们一定会向他订购，他得意地说："使用这个，可以使议会进行得更顺利。"

一直都没说话的议长苦笑着说："这确是煞费苦心的发明

品，但国会不能采用，恐怕各地的州议会也不会采用。"

"这是为什么？"爱迪生非常疑惑。

"你还年轻，不懂得这世界的许多事。议会里，不见得多数党的意见就一定对，常常少数人的意见反而较正确。那些少数人如果看到自己的意见将被否决，就会讨价还价，想办法拖延时间，不让会议顺利结束。这样，你的发明品反而不方便。我身为议长，认为这种机器不能被采用。"

爱迪生自然很失望，但没什么话好说。回去的路上，他想："我的想法似乎太天真了！发明的东西如果不受大众欢迎，就没有意义。"

回到波士顿，等着爱迪生的是债务。最初爱迪生想回到原来的工作地点赚钱还债，但仔细一想，债务可以迟一点还，只要能加倍偿付就好，倒不如先发明些实用的东西。幸好，好友亚当斯设法为他付了住宿费。

爱迪生第二次的构想是"股票市价表示器"，就是将股票交易所股票的上涨下落的情况立刻通知证券行，当时已有这类的机器，但使用效果不是很理想，爱迪生想将它加以改良。

那时候美国股票价格每天都有剧烈的变动，所以从事股票买卖的证券行和公司很多，谁都想随时了解股票上涨下跌的情况。

爱迪生的这项发明不能说很成功，但是他想成为发明家的梦想总算有了着落。这时爱迪生原来服务的那家公司经理来看他："你确实具有发明才能，何必老是待在波士顿这样的小地方？不如去纽约，我给你写封介绍信，你可以在纽约找到好机会。"

爱迪生很高兴地带着这位经理给他的介绍信和身上最后所剩的50美分，搭上了开往纽约的船。

从爱迪生的事迹中我们可以看出，尽管爱迪生的发明道路并不是一帆风顺，甚至有时候还会受到阻碍、打击，但是他从来没有放弃过自己的兴趣。他自始至终都在为自己的所爱努力着。

在学习中，青少年也应该以爱好为前提，这样才能为自己以后的深入学习和研究从精神上注入源源不断的动力。虽说热情是学习和研究的动力，但学习能力也至关重要。

学习能力在工作中扮演重要的角色

开贸易公司的张总最近很兴奋，原来他招到了一个称心如意的助理。

这位助理大学刚毕业，确切地说，前来应聘的时候她大学尚未毕业。因见她话不多，但人挺诚恳，张总跟她签了约，试用期三个月。结果第一个月还没过，张总就提前让她转了正。

三件事情使得助理的身价暴涨。

一是让她订早上九点左右的机票。在打了几十个电话后，她向张总汇报：公司原来合作的订票公司价格还不够便宜，她找到几家更便宜的，然后把她的寻找结果通过电子邮件发给张总。那是一个简单的列表，时间、航空公司、机型、哪个机场起飞，一目了然。这是以前的助理从来没有做到的事。

二是让她代收供货商送来的样品，大大小小一共几十件。她也列了个详细的清单，让供货商签字。这也是供货商们从来没有想到的事。

三是接到一个催款的电话时，助理当着张总的面对话筒说："张总出去开会了，等他回来我转告好吗？"

虽然助理仅仅是一位大专生，但张总已打算再观察她一年，以后培养她做自己的副总经理。在一家世界著名的咨询公司做咨询主任的朋友说，公司对员工所学专业、学历并不是最看重的，最重要的是思维和分析能力、想象能力等。至于不同的专业，那不过是一些知识而已，是投入足够的时间就可以学会的，但公司需要的那些"能力"，却不是花时间能够学到的。

虽然学历不高，张总的助理显然已经具备了某些可以让顶级公司企业垂涎的能力。

同样是助理，有一位设计师的助理却几乎可以把人气得跳脚，当设计师在接受媒体采访的时候把手机交给助理。一个电话来了，助理把手机拿给设计师，设计师中断采访，说了两句；又一个电话来了，助理又拿电话给设计师，设计师无奈，拿起来又说了两句；第三个电话来了，助理再次拿给设计师，设计师火了："你没听见我刚才对他说的话吗？找不到来这里的路，肯定是又来问的，你告诉他就行了嘛！这完全是你能力范围内的事，何必一再打断我呢？"

助理被他吓得眼泪都要出来了，但是，他也吸取了经验，学会观察，并将自己的工作做好。

老板发薪水不是因为怜悯你。一方面是成千上万的人找不到工作，一方面是一些职位空缺找不到合适的人。在这个职场里，真的就有人完美胜任自己的工作，有人在工作中迷失自我，而且这的确最关乎能力，学历、专业相较之下，已成为次要因素。

第五节　学习是一辈子的事

学习并不单单指在学校接受的教育，它也不是特指某个阶段要完成的任务，学习是一辈子的事。

活到老，学到老

在爱迪生77岁生辰的时候，有人问他的人生哲学是什么，他回答说："做工！揭破自然的秘密，并使它为人类服务。"自然的奥秘何其博大精深，他要用一生去学习，去探索。

1929年，亨利·福特将爱迪生位于门洛帕克的研究所重建在密歇根州，每样东西的摆放都和当年门洛帕克的情景一模一样。这是"白炽电灯发明50周年庆祝会"的准备工作之一，也是爱迪生献给美国国民的礼物。

爱迪生夫妇和胡佛总统夫妇一起去密歇根州旅行，他们想亲眼看看这座令人怀念的建筑物。

"怎么样？爱迪生先生，这和以前的建筑物一样吧？"

"很不错，但是有一个地方是例外。"

"哪个地方？"

"就是我工作的地方，从来没有现在这么干净，而且地上到处是掉落的药水，所以……"爱迪生与总统都愉快地笑了。

1929年5月30日，在亚特兰大，由胡佛总统主持的"白炽电灯发明50周年"庆祝餐会如期举行。

世界各国的政治领袖以及科学界著名人物纷纷来电致贺，美国邮政当局特别发行了印有灯泡的纪念邮票。亚特兰大全市到处都灯火通明，纽约百老汇剧场用电灯装饰着，光耀夺目。

晚餐会上，胡佛总统发表演说："爱迪生已经成为美国最负盛名的人，他是我们美国的国宝，也是全人类的恩人。"

爱迪生在雷鸣般的掌声下被邀请上台。他缓缓地扫视着周围，看到盛大的庆祝会场，勉强压制兴奋的心情，低声说："总统先生，各位来宾，我深深地感激大家的盛情……"欢声雷动，气氛十分热烈。

刚坐回去的爱迪生脸色骤变，旁观者立刻召来胡佛总统的医生为他注射强心剂。在返程的路途中，爱迪生留在亨利·福特家休养，医生经过详细诊断，发现他患有糖尿病。那年冬天爱迪生又患上了严重的肺炎，不过幸好后来康复了。

1931年8月1日，爱迪生在西奥伦治研究所工作时，突然倒地不起。这个新闻让全世界都震惊了。他的病况很严重，可是稍微好些的时候，他仍旧念念不忘地说："我希望能够去研究所。"不过，爱迪生没能再度回到他的研究所。1931年10月18日的凌晨，"发明大王"爱迪生走完了他伟大的人生旅程。临终时爱迪生说："我为人类的幸福已经竭尽所能，我没有什么好遗憾的了！"

10月21日傍晚，人们为爱迪生举办葬礼，这位"发明大王"的遗体被埋葬在他在西奥伦治的家的一棵大橡树下。就在那天晚上，胡佛总统喊含着眼泪说道："全世界人类，都继承了这位发明家的伟大遗产，永久蒙受他的恩惠。"随后，全美国每个地方都熄灭电灯一分钟，以示哀悼。

在人类历史上，有过种种发明或发现的人很多，但是像托马斯·阿尔瓦·爱迪生一样，有这么多项发明，并且以84岁漫长的一生一心一意为发明奉献生命的，少之又少。

爱迪生从来都是专心致志埋头做研究和实验。据说他从来都不戴手表，所以爱迪生的生活不为时间所束缚。在爱迪生的青年时期，他曾经对朋友说："需要做的事很多，可是人生很短，我想必须爱惜时间。"

爱迪生，对全世界人类的贡献极大，电气文明的时代开启说是爱迪生持续努力的成果一点也不为过。他的一生都在不断学习，不断研究，不断为人类的发展进步做贡献。

道尔顿终生学习

道尔顿是英国著名的化学家，是原子学说的创始人，也是世界上首次发现色盲现象的人。道尔顿出生在一个农民家庭。由于家境贫寒，他没有受过正规教育。后来他结识了一个叫约翰·高夫的盲人。这个盲人很有学问，道尔顿就拜他为师，虚心求教。经过多年的勤奋努力，道尔顿学到了许多关于数学、哲学以及拉丁文、希腊文的知识。

与牛顿一样，细心钻研、深入探索各种奇特的自然现象也是道尔顿在学习上的一大特点。他不轻易相信书本上的一些理论，对前人的知识，他要经过独立思考和实验证实之后才吸收。

道尔顿还善于抓住观察到的现象查找原因，这使他发现了色盲现象。有一次母亲过生日，道尔顿买了一双袜子作为生日礼物送给母亲。母亲接过来一看，笑着说："傻孩子，我这么大年纪，怎么能穿这样的红袜子呀？"

道尔顿觉得不对劲，袜子明明是灰色的，母亲怎么说是红色的呢？在询问他人之后，道尔顿确认袜子确实是红色的。道尔顿感到非常奇怪，为什么自己看是灰色的，而别人看是红色的？这种现象吸引了他，他没有轻易放过，而是对这种现象作了仔细的观察研究。他发现很多人都存在这种红绿色盲现象，也就是说，色盲是一种常见的病理现象。接着，他又对造成色盲的病理原因进行了深入的研究。他把发现成果写成论文并发表。"色盲"这个词就是道尔顿创立的。现在医学界也把红绿色盲称之为"道尔顿症"。

就是在不断发现、不断质疑、不断研究中，这些伟人才解答了自己生命中的疑问，使自己不断地提高，他们终其一生都在不断学习之中。

第3章

良好的性格贵于黄金——品质篇

爱迪生说："良好的性格贵于黄金，前者是自然的天赋，后者是命运的赐予。如果你希望成功，就以恒心为良友，以经验为参谋，以谨慎为兄弟吧。"还有一句话说，"性格决定命运"，这就更加肯定了性格的重要性。在现实生活中，我们要有意识地培养自己谦虚谨慎的良好性格，杜绝消极虚伪，做事情有恒心，这样才能助自己学有所成、学有所用。

第一节　以恒心为良友

中国有句老话：有志之人立长志，无志之人常立志。坚持是最后胜利的重要保证。

爱迪生的知己——恒心

爱迪生是他那个时代最伟大的天才，但当爱因斯坦等科学家称他是"发明的神灵"和"能生产的天才"而把他列为世界伟人的时候，他感到不以为然，他甚至对"天才"二字感到憎恶。

他说："将自然界的奥秘取出来运用在为人类谋求幸福上，在我们人世最短暂的过程中，我不知道还有比这更高的人生价值。"他对那些称赞他是天才的人反驳说："这完全是假话，艰苦的工作才是实在的。我的发明是靠实践得来的，绝不是什么天才。"

爱迪生在谈到他的发明创造时说："倘若一个人过去没有成功，不足以表扬自己。那么请他埋头工作，免开尊口。我深信实事求是。"

他还说："我的人生哲学是工作，我要揭示大自然的奥秘，并以此为人类造福，这是度过我人生岁月的最好方式。"

当有人问起爱迪生的成功秘诀时，他说："要干，一直干到底，不成功决不罢休，要有毅力才行。"爱迪生是一个热衷于劳动的人。在其漫长的一生中，从来没有放下工作让自己哪怕短时间地彻底休息一下。假如由于某种原因使他不得不在工作中进行短暂休息的话，他也是一面工作一面休息，而且是一没有事可做他就苦恼不堪。

他曾收到过朋友们要他进行天文观察以便得到休息的邀请。他接受了这一邀请，但却随身携带了他所发明的仪器即测微温湿计。他不是来休息，而是来实验这个仪器的性能。

他在老家大西洋海滨进行休假的时候，仍然致力于研究海沙中发现的黑色粒子，对这种含有铁矿的成分的研究，使他研制出了磁选矿法。

爱迪生在寻求他从事研究发明所必需的东西方面表现出了坚忍不拔的顽强精神。只有当他完全确信继续努力徒劳无益的时候，他才会放弃。但是即使在这种情况下，他也并不为花去了许多时间和钱财却没有得到应有的良好结果而表示惋惜，而是毅然采用新的研究方式和方法。

爱迪生在没有了解到某方面的全部知识之前，从来也不开始任何研究工作。他重复进行前辈们进行过的实验，力求从中得出最有益的结论，然后他才展开自己的实验，尽管这种实验通常都规模很大，但他完全不考虑花多少钱。

如果实验没有获得他所希望的结果，他并不会就此停止实验，而是改变研究的方向和方法，直到用顽强的精神竭力获得应得到的结果为止。

在爱迪生的各种不同的研究工作中，有一些没有充分的科学根据，或是在爱迪生以前还没有人对其进行研究。爱迪生就是在这种条件下开始进行大量实验，提出了许多工作上的假说，这些假说主要是当所深入研究的问题已超出技术本身的范围时才做出的。

爱迪生从来不单单研究某一问题。在他活动的每一个时期，他都把他的主要注意力集中于主导的工作，并同时还要做或是处于准备阶段或是处于研究阶段的另外一些工作。甚至在白炽灯研究工作紧张进行的时候，爱迪生还致力于电力牵引方面的实验，研究着电机并为磁选矿组织制造工业装置等工作。

爱迪生的工作效率非常高，他也要求他的助手们节省时间快速工作。爱迪生在其各个实验室所实行的计件工资制度激发了助手的干劲，大大提高了工作效率。

爱迪生在体力上很有耐性，所以他要求他的助手们也要有这种耐性。必要时，他会迫使他们连续不断地工作许多小时，因此助手们也只能抽点工夫睡觉。

爱迪生的绝大部分助手在几十年期间都能不断地与他一起工作，并经过了实际锻炼，形成了大批"爱迪生式的发明家"，是友谊和劳动、快乐和失望使他们与爱迪生紧紧地联系在了一起。

爱迪生是一位乐天派，跌倒了以后，他一定马上就爬起来，拍一拍身上的尘土，又继续朝着目标前进。由于他这种乐观的个性，使他在经历了一次又一次失败的实验后，终于能够获得最后的成功。

可见爱迪生是把"恒心"作为了自己的知己朋友。如果一个人能够坚定地向目标迈进，做事专注，不因任何困难而退缩，从来都不知道"半途而废"为何物，那么，相信整个世界都会为他让路。因此，做事切忌"三天打鱼，两天晒网"。如果你已经认定了一件事情，就要把这件事做好，不管付出多大的代价，也绝不要轻言放弃。这是做人的基本原则，也是一个人做人的基本"道德"和"修养"问题。

坚持是取得最后胜利的极为重要的保证。面对困难，我们必须主动承担重任，敢于迎接挑战。除了有勇气和信心，还要有顽强的毅力，要有一种知难而进、迎难而上、持之以恒、永不放弃的雄心壮志，要有一种敢于拼搏的大无畏气概，以此来振奋精神，激励人心。切忌在困难面前畏畏缩缩，不要一看到困难就觉得自己没有办法攻破，就开始有半途而废的心理，而是要努力战胜一个又一个困难，渡过一道又一道难关，努力开拓新局面。

恒心是一个人成功必备的品质

在好多年前，有人正要将一块木板钉在树上当搁板，贾金斯便走过去管闲事，说要帮他一把。他说："你应该先把木板的一头锯掉再钉上去。"可是，他找来锯子之后，还没有锯两三下就撒手了，说要把锯子磨快些。

于是他又去找锉刀，接着又发现必须先在锉刀上安一个顺手的手柄。接下来，他又去灌木丛中寻找小树制作手柄，可砍树又得先磨快斧头。磨快斧头需将磨石固定好，这又免不了要制作支撑磨石的木条。制作木条少不了木匠用的长凳，可这没有一套齐全的工具是不行的。于是，贾金斯到村里去找他所需要的工具，然而这一走，就再也不见回来了。

贾金斯无论做什么都是半途而废。他曾经废寝忘食地攻读法语，但要真正掌握法语，必须首先对古法语有透彻的了解，而没有对拉丁语的全面掌握和理解，要想学好古法语几乎是不可能的。贾金斯进而发现，掌握拉丁语的唯一途径是学习梵文，因此便一头扑进梵文的学习之中，可这就更加旷日废时了。

贾金斯从未获得过什么学位，他所受过的教育也始终没有用武之地。但他的先辈为他留下了一些本钱，于是他拿出10万美元投资办一家煤气厂，可是生产煤气所需的煤炭价钱昂贵，这使他大为亏本。于是，他以9万美元的售价把煤气厂转让出去，开办起煤矿来。可这又不走运，因为采矿机械的耗资大得吓人。因此，贾金斯把在矿里拥有的股份变卖成8万美元，转入了煤矿机器制造业。从那以后，他便像一个内行的滑冰者，在有关的各种工业部门中滑进滑出，没完没了。而最终，他将祖辈留下的本钱都消耗殆尽，也还是一事无成。

在这个世界上，有许许多多的人想改变自己的处境和地位，但是很少有人将这种改变处境的欲望具体化为一个个清晰明确的目标并为之努力奋斗。结果，这些人的欲望也仅仅是欲望而已，永远不可能实现。

坚持到底的最佳实例可能就是亚伯拉罕·林肯。他的一生艰难而波折，但他从未自暴自弃。生下来就一贫如洗的林肯，终其一生都在面对挫败，八次竞选八次落败，两次经商失败，甚至还精神崩溃过一次。好多次，他本可以放弃，但他并没有如此，也正因为他的恒心与杰出才能，才成为美国历史上最伟大的总统之一。

面对那么多成就卓越的人，也许你会认为自己太过平凡或者不够聪明。一个人不聪明并不可怕，可怕的是没有恒心。只要肯为你的目标付出艰辛的劳动，并配合正确的方法，就一定会得到成功女神的酬劳。许多在事业上有成就的人，在童年时代、少年时代并不一定能显出锋芒毕露的优势，相反，他们却可能过于平凡，甚至显出迟钝、愚笨的样子，常常要被周围的人嘲笑、讥讽。如果因为自己笨就灰心丧气，不再努力，那不是将自己潜在的才华、能力都扼杀在摇篮中了吗？

在中国人的印象里，"水滴石穿""铁杵磨成针"代表的是无坚不摧的恒心，恒心是一个人成功必备的品质。学会修炼自己的恒心就是学会做任何事情都百折不挠、循序渐进地进行。像林肯一样，即使是在自己处于困境的时候，也一定要坚定信心。

第二节　以谨慎为兄弟

谨慎是一种理性的做人和处事的态度，有时候遇事小心谨慎一些会避免给自己和他人带来灾难。

谨慎是一种处事态度

19世纪80年代初，爱迪生制造出了世界上第一个电气仪器，他称之为"电气指示器"。究竟是什么因素使爱迪生有这一发明的呢？

爱迪生在1879年末基本上结束了制造强阻抗炭丝真空白炽灯的研究工作。这时他敏锐地注意到以电子仪器为基础的现代科学发展的得力手段无线电，如果没有电子管的广泛应用，大量自动装置和遥控自动装置、电视装置、计算机、各种控制仪器是不可想象的。

爱迪生断定，电子管能够得到广泛应用，是因为它有着非常良好的性能，电子管是对发展人类社会生产力具有革命影响的主要技术因素之一。

爱迪生显然很清楚电子管的技术性能和工作原理：电流本身通过电子管会发生很大的变化，电子管的作用不取决于电流的频率特性，因为电子管能准确地控制电流并不断地使电流的特性发生变化，虽然绝大多数用来使电流发生变化的其他仪器也在逐步地实现着这一功能。电子运动本身及其速度能够通过改变电子管内部电摄上的电势加以调整。电子管可以是电流放大器和电流检波器，而在一定的条件下可以成为高频振荡器。

爱迪生对白炽灯在整个使用期限内进行观察，结果有一个缺点引起了他的特别注意，即灯泡玻璃表面变黑的现象。变黑现象在所有的白炽灯中都毫无例外地出现，而且白炽灯使用时间愈长，变黑的程度就愈明显。

当时生产的是光度小的白炽灯。灯泡变黑就损失了将近50%的光通量，这些白炽灯的光线变得很暗淡。把消耗的能量转换成光能的经济效率降低了，因此白炽灯的有效寿命缩短了。当时，无论是爱迪生，还是其他碳丝白炽灯设计家，都没有解决玻璃灯泡变黑的问题。

爱迪生多次观察到，在抽去灯泡里的气体时，如果电流通过灯丝，真空灯泡里就发出淡蓝色的光辉。这种现象以前彼得罗夫和法拉第就曾经观察过，这是一种在极稀薄的空气中放电的现象。爱迪生正确地理解了真空灯泡中产生放电的现象。但当时还不清楚的是，是否可以把灯泡变黑和放电作用联系起来。

其实，在当时某些有关电的书籍中，已经提到过一些想法，一看就能帮助确定灯泡发黑的原因。例如，法国电学研究家杜贤，几乎在爱迪生进行观察的两个世纪前就已弄清了下列事实：与烧红的金属相接触的空气就具有散发电荷的特殊性能。18世纪的其他科学家也曾指出过类似的事实。所有这一切都使爱迪生作了如下推测：灯泡内壁的沉积物是脱离了炽热灯丝的炭尘的带电粒子散发的结果，必须更深入地研究这种现象。

爱迪生在观察中发现，粒子并不是均匀地沉积在灯泡壁上的，经常可以在点灯上看到有一个狭窄的带状区，它的颜色比灯泡的其他变黑的部分轻得多。这仿佛是一种"白影子"的东西，通常都和弯曲成"U"形的灯丝的两根支路在灯泡的同一个平面上。结果仿佛一根灯丝支路屏蔽了另一根支路。在所有的情况下，总是造成光带区的那一根灯丝支路与直流电源的正极连在一起。

由这种观察可以作出下列结论：炭粒子不是散发，而是直线式地从灯丝的负极支路那里脱开。这样一种假设是完全合乎情理的，即从带电体表面脱离开来的最小微粒，其本身就带有电荷。因为只要往灯泡里引入一个附加电极，即一个带正电荷的或与直流电路的正极连接在一起的电极，这些带电的炭粒子就要离开直线路径而被附加电极所吸引，这也是合乎逻辑的。

爱迪生也开始了这样的实验。从已公布的爱迪生实验室的记录中可以看出，早在1880年初，爱迪生就已开始准备进行这些实验，并设计出了有附加电极的灯泡。

1961年出版的刘易斯的著作中就引用了从实验室记事簿中复印下来的一页，这一页上注着1880年2月13日的"第一次实验"的草图。根据这一任务，应当由实验室的一名叫奇·巴切勒的助手制造出必需的灯泡。因为爱迪生实验室和工厂总是不打折扣并且在最短期限内制造出那些实验用的灯泡，所以怀疑这样的灯泡是否已经制造了出来是没有根据的。根据爱迪生亲手写的这个定做单，必须制造出有小马蹄形炭质灯丝的灯，在这种灯丝上空应当接入一根穿过灯泡玻璃的金属线，这一金属线的外端能被连接到直流电源的正极上。

实际上这个灯泡是二极电子管的雏形，所以有理由认为，早在1880年爱迪生就已很接近于制造电子管了。

1882年6月5日，爱迪生继续用按照他绘制的草图制出的灯泡进行实验，这些草图是他为研究灯泡变黑现象而专门绘制的。这种灯应有一个附加电极，该电极的安装要能阻止带电粒子的转移。这个电极被焊在灯泡圆顶罩弯曲的灯丝的上空。爱迪生曾对根据这一草图制造的灯泡进行了一系列的实验。

1883年以后，爱迪生没有再继续进行这方面的实验，而着手研究怎样把这种现象加以实际应用。

爱迪生在实验过程中发现，装有附加电极的灯泡有一个非常重要的特性：在灯丝用来工作的电压发生变化的条件下，电流计电路中的电流强度就会发生很大的波动，即用现代术语来说，电子发射在明显地发生变化。

爱迪生已打算把这种仪器当作高灵敏度的电压变化指示器来用。

在1885年至1903年期间，爱迪生由于忙于研究其他项目，而对热电子发射的研究兴趣显著减低了。只有约翰·阿布罗乌兹·弗莱明在当时仍坚持进行实验。

弗莱明的二极电子管是在1905年登记专利的，但最初没有得到广泛采用。到了20世纪初，人们对无线电报学的兴趣有很大的增长。弗莱明把二极管用于检波的想法，被美国工程师利·德福雷斯特加以发展。利·德福雷斯特在弗莱明的整流管上增加了第三个电极，获得"三极管"。三极管不仅对高频振荡进行检波，而且也成了弱小振荡的放大器。不久人们就弄清了，三极管也能作为等幅振荡发生器来用。

无线电技术发展新阶段开始了，而这个新阶段恰恰与以爱迪生效应为起源的电子学有着密切的关系。

不得不说爱迪生是一个谨慎的人。"谨慎"在字典里的解释是，对外界事物或自己的言行密切注意，以免发生不利或不幸的事情。对于一个发明家来讲，任何一项发明都需要细心再细心，哪怕是一个小差错都有可能影响全局，可见不谨慎是不行的。谨慎是一种理性的做人和处事所必需的态度。

谨慎能够避免不必要的麻烦

"鬼谷"是某片山林里最危险的路段，一不小心就会掉进万丈深渊。这儿的规矩是路过此地，一定要挑点或扛点什么东西。一名游客问："这么危险的地方，再负重前行，那不是更危险吗？"当地少女解释道："只有你意识到危险了，才会更加集中精力，那样反而会更安全。这儿发生过好几起坠谷事件，都是迷路的游客在毫无压力的情况下一不小心掉下去的。我们每天都挑东西来来往往，却从来没有人出事。"游客不禁冒出一身冷汗。没有办法，他只好接过少女递过来的两根沉沉的木条，扛在肩上，小心翼翼地走过这段"鬼谷"路。两根沉木条在危险面前成了人们的"护身符"。

与此类似，香港启德机场位于市中心，飞机掠过深水埗、九龙等闹市的时候,乘客甚至能清楚地看见住家阳台上晒的衣服。就是这么一个被称为"世界上最危险的机场"数十年直至关闭都没有出现过大灾难。探究其中的原因,有人说正是因为危险,所以全世界的飞行员都小心翼翼,不容许自己出一点差错。香港的启德机场因此才成为世界上最安全的机场之一。

危险固然可怕,但比危险更可怕的是人的麻痹大意,危险不一定制造灾难,但人们的疏忽往往是灾难的源头。这正是压力效应。推而广之,人生中的很多时候,我们是不是也应该在肩上压上两根条,让它提醒我们时刻小心,并唤醒我们的斗志。

无论什么时候,谨言慎行都能够使自己免受无妄之灾。现在社会,虽然我们不必步步为营,处处周旋,但是为人谨慎小心却能够获得融洽的人际关系,避免自己在人际关系和事业上遇到一些不必要的麻烦。

第三节 以经验为参谋

经验是一种无形财富,这种财富自己丢不掉,别人抢不去,它的价值要远远超过你所得到的有形的报酬。

经验是一种无形的财富

当爱迪生坚持说研究电灯灯丝的前1000多次不成功并不是失败而是另外一种答案的时候,可见他已经把这些"不成功"当成了宝贵的经验,通过这些经验他知道哪些材料是绝对不可以做灯丝的,知道哪些材料与真实答案接近一点。这就是以经验为参谋的最重要的证明。

我们步入社会、投入工作，就会发现，在一个企业中，一个业务熟练的员工往往会受到青睐，因为这样的员工招来就可以用，并且很快会产生效益，而缺乏经验的员工则往往会处在劣势，没有经验的员工会加大企业的风险。当然经验不是从天上掉下来的，它需要在工作中不断地去积累，所以我们更应该感谢自己的工作，感恩自己的老板，他们给了我们丰富职业经验的机会。

　　然而，当今社会略显浮躁，面对他人的事业成功，高薪诱惑，很多人从而失去对自己的准确定位，急于求成。作为一名普通员工，首先是要做好自己，认真做好自己的本职工作，并在工作中不断积累自己的经验财富。

　　李小姐目前就职于一家装饰公司，两年内已经有过3次工作变动，且从行业、职位上看都无关联。每次工作的时间都不长，因此工作经验的积累很有限。尽管有过多次尝试，张小姐还是觉得自己没有遇到适合自己的工作。两年的工作经历并没有让她得到提升，过于频繁地更换工作使她没有得到相关的能力提升，职业经验更是有些浅薄。

　　人才作为一种资源，其本身的价值是由其所具有的能力和所能创造的附加价值来衡量的，因此如果你希望能够更好地体现自己的价值，就需要珍惜自己目前的工作，不断积累自己的职业经验，你的价值也终究会得到提升。

经验会给人生以正确的指导

　　小周是一个导购，刚刚进入商场的时候什么都不懂。正式上岗之前有一个实习期，在实习当中他不仅仅学会了电脑硬件的具体知识，还从自身素质上来提高自己，充实自己，使自己逐渐升华。他学会了怎样和陌生人交往，怎样和顾客接触，怎么能从顾客的一言一行当中获取自己所需要的最大化信息等等，这些都是他一直在考虑、在深思的问题。

在学校里小周接触的都是同学，都是熟悉的面孔，因此在做导购时要学会怎样去接触陌生人，和陌生人交谈，这需要掌握相应的策略、方法。在整个的实习期结束之后，他正式上岗了。接下来的销售和售后环节中，随着问题的不断出现和解决，小周在一天天的历练中充实成熟起来，如今他已经坐到了主管的位置。

对于一个刚刚进入企业工作的员工来说，工作经验的积累显得尤为重要，这些经验才是你职业人生的开始。你若想要有将来的成功就必须珍惜自己当下的工作，努力积攒下那无形的财富。如果小周没有这些经验的积累，相信他还是那个初入社会的青涩少年。

其实，薪水只是工作的一种物质回报方式，而精神的回报却被人忽视了。工作能够使我们的经验更丰富，增长我们的智慧，激发我们的潜能，这些都是让我们终身受益的财富，它比金钱重要万倍，既不会遗失，也不会被花光。

所以，认真工作才是提高自己能力的最佳方法，认真工作才是在为自己积累资本。只要你把工作当作难得的学习机会，不断地从中学习处理业务和人际交往的经验，不仅可以获得很多知识，还能为以后的工作打下坚实的基础。

一群年轻人常常结伴在一泓深潭边钓鱼。令他们奇怪的是，有一个渔夫总是在潭上边不远的河段里捕鱼，那是一个水流湍急的河段，雪白的浪花哗哗地翻卷着。

年轻人都觉得这渔夫很可笑，在浪大又湍急的河段里怎么会捕到鱼呢？有一天，有个好事的年轻人终于忍不住了，他放下钓竿去问渔夫："鱼能在这么湍急的地方停留吗？"渔夫说："当然不能了。"年轻人又问："那你怎么能捕到鱼呢？"渔夫笑笑，什么也不说，只是提起他的鱼篓往岸边一倒，顿时倒出一团银光。那一尾尾鱼不仅肥，而且大，一条条在地上翻跳着。年轻人一看就傻了，这么肥这么大的鱼是他们在深潭里从来没有钓到过的。他们在潭里钓上的多是些很小的鲫鱼，而渔夫竟在河水这么湍急的地方捕到这么大的鱼，这是为什么呢？

渔夫笑笑说："潭里风平浪静，所以那些经不起大风大浪的小鱼就自由自在地游荡在潭里，潭水里那些微薄的氧气就足够它们呼吸了。而这些大鱼就不行了，它们需要水里有更多的氧气，浪越大，水里的氧气就越多，没办法，它们只有拼命游到有浪花的地方，所以这里的大鱼也越多。"渔夫又得意地说："许多人都以为风大浪大的地方是不适合鱼生存的，所以他们捕鱼就选择风平浪静的深潭，但他们恰恰想错了，一条没风没浪的小河里是不会有大鱼的，而大风大浪恰恰是鱼长大长肥的重要条件。大风大浪看似是鱼儿们的苦难，但这些苦难却是鱼儿们的天然给氧器啊！"

大风大浪这些"苦难"是鱼的"给氧器"，而那些人生坎坷和困苦是不是我们人生的"给氧器"呢？我们总是在为自己营造和寻觅人生的风平浪静，我们总是在为自己追寻生活里的和风细雨，我们是不是静潭里的那一尾尾小鱼呢？

水流湍急浪花飞溅之处是大鱼，那么，命运沉浮遭遇坎坷将砥砺出巨人。这就说明经验会给你正确的指引，以经验为参谋可以使你获得更多的收获和财富。

第四节　以希望为哨兵

要想做成你喜欢的事，心中不能没有希望。希望是你对未来的憧憬，希望是你为成功点亮的明灯。

有希望就有成功的可能

爱迪生29岁时搬迁到了门罗帕克。门罗帕克在纽约郊外，距纽约大约40公里。爱迪生一直想在纽约附近建立他的实验基地，希望基地的环境安静，配套设施齐全。

在这之前，在完善电笔性能的过程中，爱迪生就准备离开原来实验基地所在的纽瓦克。后来，他针对这次搬迁作过几种解释。他对代尔和马丁两人的解释是由于房租问题。

他说："我曾在纽瓦克租下一个小车间，位于一家锁厂的楼上，本来讲好按月付钱。可我在那里工作了不长时间，就迁到了外地，因为纽瓦克的房主后来又依当地的法律要求我预付一年的租金，这真是太不公平了。于是我下决心要迁出这个竟允许存在不公平的地方。"

在发表上述议论之前，他曾在自己的新总部即门罗帕克境内建起的小舍里表示："当公众找到这儿时，我就毫不犹豫地钻进树林里去。"与爱迪生共事多年的弗兰西斯·杰尔认为，爱迪生的确需要一个与世隔绝的地方。

爱迪生的纽瓦克工厂虽然不同凡响，虽然他在那里推出了很多值得称赞的发明，但从实质上说，它仍然是个生产单位，而不是为研究工作服务的实验室。所以早在1876年他就决定要建立一处与此性质不同的实验室，它的任务就是研究人们的实际需求，然后找出满足这种需要的方法。

而且，此时他已经从纯粹的制造业中获得了足够的本钱，他也确信自己可以靠发明新产品为生。后来他描述自己建于门罗帕克的实验室说："许多人坚持认为我是纯粹的科学家，而我却不这样认为。我并不研究自然界的规律，也不曾做出这类伟大的发现。牛顿、开普勒、法拉第和亨利是为了探索真理而学习科学，我不是。我只是纯粹的职业发明家。不论是我的研究，还是我的实验，其目的都是为了发明一种具有商业用途的物件。我认为，称我是科学发明家，而不是机械发明师，也许更为合适，虽然这两类人之间的确没有什么区别。"

在爱迪生选择发明目标之际，他决不会忘记当初制作了选票记录机却没有找到主顾的教训。现在，他要建立的正是几十年后才出现在工业企业中的那种规模巨大的研究组织。然而，在1876年，这种组织却被人看成是革命的事物，因此他受到了科学家和大企业主的攻击，原因是科学家对这种将科学用于实际的做法表示不屑一顾，而大企业主对以科学方法发展工业则是将信将疑。

1876年，爱迪生在创立工业实验室之前，就打算找个离纽约不远的地方施工，最要紧的是环境幽静，以免分散科研人员的注意力。爱迪生在酝酿这一研究中心的时候，还考虑到要为他的工作人员提供更舒适的生活条件，而不是像纽瓦克那样，街道狭窄灰暗。

爱迪生的父亲塞缪尔·爱迪生从伊利诺伊的老家出来，为他的儿子探查到这样一个地点。他在门罗帕克一望无际的田野中发现了一个小小的建筑群，这里正位于宾夕法尼亚铁路线旁，距伊丽莎白不远，离纽约也只有38公里。1876年的门罗帕克还是个不为人知的地方。不出几个月，爱迪生就给它带来了新的面貌，不出十年，它就以留声机和白炽灯的诞生地而闻名于世。

他在当地现成的房屋里选购了一座较大的建筑，以便在这里开展实验室的工作。实验室的建筑呈长方形，分上下两层，并设有开放式阳台。附近矗立着机械加工车间和一个木工房，后来又在这一带建起了另外几座建筑物，其中包括一座图书馆。整个建筑群由洁净素淡的水栅环绕着。

就在这一朴实无华的工作地点，爱迪生集结了一伙极为能干的工作人员。原在纽瓦克的查尔斯·巴切勒、约翰·克罗西、约翰·沃特以及其他一些出类拔萃的人物均被带到这里。不久，他又雇用了后来成为普林斯顿大学和新泽西大学教授的数学家弗兰西斯·厄普顿和玻璃吹制工路德维格·贝姆等一些被他称之为"朋友兼同事"的能工巧匠。

爱迪生的这一措辞，可使我们联想到他在门罗帕克取得成就时的工作气氛。他的热情、能力，以及他那兴高采烈的精神使得这个组织的成员无时无刻不处在最佳进取状态。

他的"希望"之光环绕着每一个人。在这里，他无须逼迫人们鼓足干劲，因为，只要这位不拘小节、友好善意的"老头子"——只有30岁的"老头子"在使劲干，大家都会仿而效之。在他的创造性最佳的这一段时期，爱迪生使这里的人们形成了一种带有部族土人色彩的崇尚英雄行为的风气。

这座发明公司的中心就是实验室。实验室的一楼几乎布满了放置灵敏仪器的工作台，工作台都建在保证防震的砖制地基上。同这座实验室相接的是另一个化学实验室，那里还有一个房间，专门用来检验灯光的不同强度，以进行比较研究。

门罗帕克与多数大企业研究组织的区别之一就是他们有高昂的工作情绪。当然，规模也是个重要因素。

爱迪生从不雇用很多人，和具有上千人的大型组织相比，他这里的人员之少，就好像是驱逐舰之于航空母舰，所以这里人与人之间的关系十分和睦。另外还有一种过去与现在的区别。技术发展到了今天，即便是最简单的工业发明也需要各行各业互相配合，因此不像爱迪生时代那样只由一个人主导，一个人提供发明思想，一个人进行设计。

今天，每提出一个初步设想，提出者一般都是一组人，而不是一个人。尽管当时爱迪生分配给雇员们的某些工作也需要几种技术的配合，但在实际工作中，他本人仍然是主要的动力，是唯一的裁决者和评判者，集众人一个月的劳动于他一人的决定之下。他的思想就是整个企业的指导思想，他的方法也是整个企业的工作方法。

爱迪生的发明是一种个人直觉与严格科学原理的奇妙结合。他说："在考虑某项设计时，我老是从个人兴趣出发，如果感到这方面的研究乏味了，我就转向另一个方面。这样，我总是同时考虑着七八种设计，随心所欲地从一项转向另一项。常常是当某项工作看不出有进展的希望时，我就把它放在一边，开始另一项工作，而且是想起哪件就抓哪件。到了一定的时候，我又放下这件工作，回到原来的工作上去，直到把它完成。"

由潜意识支配工作的方法有两种。处理化学问题时，爱迪生使用的是植物栽培学家路德·伯班克的方法，先是把某种作物种上1英亩，然后从中选优，进行繁殖；处理机械性质的问题时，他所依靠的是严格的逻辑思维，并且仅仅依靠逻辑思维。

无论遇到什么问题，也无论采取何种方法，他都会满怀希望地进行下去。

一位同事曾向他抱怨某项工作虽然进行了上千次的试验，结果还是徒劳无益，爱迪生安慰他说："我愉快地告诉你，我们是失败了，但却从中学到了东西，因为我们现在明白了那项设计不能用这种方法完成，应该另辟蹊径。"

一种办法不行再换一种，直到将问题彻底解决，这就是爱迪生实验室的精神。

"希望"是一种积极的精神力量，它对一个人的成功有着重要的影响。爱迪生如果不是心存希望，那么面对成千上万次的失败他拿什么坚持下去呢？

希望是一种积极的精神力量

曾经有人做过一个试验：将两只大白鼠丢入一个装了水的器皿中，

它们会拼命地挣扎求生，在没有任何外力协助的情况，维持的时间是8分钟左右。

然后，他在同样的器皿中放入另外两只大白鼠，在它们挣扎了5分钟左右的时候，放入一个可以让它们爬出器皿的跳板，这两只大白鼠得以活下来。

若干天后，再将这对大难不死的大白鼠放入同样的器皿，结果真的令人吃惊：两只大白鼠竟然可以坚持24分钟！3倍于一般情况下能够坚持的时间！

后来心理学家总结说：前面的两只大白鼠因为没有逃生的经验，它们只能凭自己本来的体力来挣扎求生，而有过逃生经验的大白鼠却多了一种精神的力量，它们相信在某一个时候，一个跳板会救它们出去，这使得它们能够坚持更长的时间。这种精神力量就是积极的心态，也是内心对一个好的结果心存希望。

也许有人会说："有希望又怎么样，那两只大白鼠最后还不是死了。"其实不然，当时那位试验者说："不，它们没有死，在第24分钟时，我看它们实在不行了，就把它们捞上来了。"知道他为什么这么做吗？他说："因为有积极心态的大白鼠更有价值，更值得活下去。我们人类应该尊重一切希望，哪怕是大白鼠内心的希望。希望就是力量。在很多情形下，希望的力量可能比知识的力量更强大，因为只有在有希望的背景下，知识才能被更好地利用。"

一个人，即使他一无所有，只要他有希望，他也可能拥有一切，而一个人即使拥有一切，却不拥有希望，那就可能丧失他已经拥有的一切。而且，希望所调动的不仅仅只是我们自己的精力，还能激发我们的体力，使我们充满能量。莎士比亚曾说："希望在任何时候都是一种支撑生命的安全力量。"美国总统约翰逊曾说："没有希望，就没有努力。"

所以，当下一个节日来临，到了该祝福我们的至爱亲朋的时候，你可以说：祝你们永远都有很多很多的美好希望。

第五节　以谦虚为护卫

常言道："谦虚使人进步，骄傲使人落后。"在生活中，我们可以试着把外在的光环让给别人，把内在的快乐留给自己。

谦逊创造了成功的机会

当世界上第一艘装置电气照明的"欧洲号"豪华轮平安地完成处女航归来时，该轮所属"俄勒因州铁路航运公司"总裁亨利·维拉德亲自来门洛帕克致谢。

爱迪生当然非常高兴。"据说乘客认为电灯比煤油灯好得多，我很高兴。"这位船公司大老板改变话题说："爱迪生先生，今天我来不是为船，是想谈谈火车。""俄勒因州铁路航运公司"除经营轮船外，也经营铁路。

"你也知道，使用蒸汽机车头的火车到了山岳地带，进入隧道，煤烟呛人，司机和乘客都不舒服，尤其夏天开着窗子，进来的煤烟更大。跑山地地带如果不用蒸汽机车头，改用电力，有没有办法？"

"不只是山地地带，将来所有铁路可能都会换用电力，1878年我去观测日食，回程途中从火车窗口向外望，看到一望无际的田野，高低不平的道路，农夫们用马车载运蔬菜或小麦，马和人都累得喘不过气来，那时候和我在一起的帕克教授曾经谈到铺设小型铁轨，让电车行驶，这样，人和马就不用那么辛苦了。"

"如果发明电车，那就方便多了。"

"其实，早就有人动这个脑筋了。"

"真的？"

爱迪生告诉他，当他还在美国大干线铁路卖报纸的时候，在底特律图书馆曾看过一本书，书上就写着1837年，曾有一个英国人，苦心制作过利用电池行驶的电车。1850年，美国也有人想制造蓄电池电车。

"从那时起我就常想制造电车。"

"爱迪生先生，你卖报纸不是20年前的事情吗？"

"是的。"

"20年前少年时代所看的书，到现在还清楚地记得，真了不起！"

"如果看了就忘记，那还有什么意思？也太不像话了！"

"该骂，该骂。"亨利笑着说。

"维拉德先生，关于电车，当我还在苦心研究发明电灯的时候，德国有家电气公司就曾制造一辆电气车，载了30位乘客，创下每小时行驶24公里的速度记录。据说那辆电气车的引擎只有3马力而已。"

"德国的火车已经换用电气车了吗？"

"不，还没有进步到那样，我想自己来发明和他们不相同的电车。"

"你有自信吗？"

"当然有！"爱迪生断然地说，"我因为电灯的需要而制作了强力发电机，现在只要把那个改为电气马达就行，计划早就拟好了。"

对于这项构想，作为总裁的亨利极感兴趣。

"这项发明需要多少时间呢？"

"只要有半年就够了，不过这还需要相当多的研究费用。"

"好，所有研究费用由我负担，请立刻着手研究，成功了，就让我们的铁路使用吧。"

"谢谢！刚刚骂过你，还要让你出研究费实在不好意思。"爱迪生开玩笑地说。

"哪里，这样今天我来门洛帕克总算不虚此行，关于费用，请不必客气。"亨利大方地说。爱迪生吸着雪茄想了一下。

"维拉德先生，不管怎样，我不希望白白向人借钱，我们双方订个契约，如果我所完成的电车能在北太平洋铁路使用，研究费用就不用归还，如果不能使用，则由我归还，这样好吗？"

"当然好。"

"那么，契约书请谁做见证人？"

"请你夫人好了。"

"用自己的妻子做见证人，不是公正的第三者。"爱迪生谦逊地说。

这时候，亨利深受感动，他说："爱迪生先生，我知道你从没有骗过人，可是没有见证人，却与规定不合，所以在形式上请你夫人做见证人，其实，根本就不需要什么契约书。"就这样，契约书立刻签好，门洛帕克的"魔术师"开始要研究发明电车了。

这次谈判的成功是因为亨利相信爱迪生的能力，更是对爱迪生正直、谦逊为人的认可。

谦虚是必不可少的美德

古希腊的著名哲学家苏格拉底不但才华横溢，而且广招门生，运用著名的启发谈话启迪青年智慧。每当人们赞叹他学识渊博、智慧超群的时候，他总谦逊地说："我唯一知道的就是我自己的无知。"

被人们称颂为"力学之父"的牛顿发现了万有引力定律，在热学上，他确定了冷却定律。在数学上，他提出了"流数法"，建立了二项定理和莱布尼兹几乎同时创立了微积分学，开辟了数学上的一个新纪元。他是一位有多方面成就的伟大科学家，然而他非常谦逊。对于自己的成功，他谦虚地说："如果我看的比笛卡尔要远一点，那是因为我站在巨人的肩上。"他还对人说："我只像一个海滨玩耍的小孩子，有时很高兴地拾着一颗光滑美丽的石子儿，真理的大海还是没有发现。"

扬名于世的音乐大师贝多芬，谦虚地说自己"只学会了几个音符"。

科学巨匠爱因斯坦说自己"真像小孩一样的幼稚"。

法国化学家安德烈取得了巨大的化学成就时，依旧谦逊。他当选为英国皇家学会会员时，欧文斯学院专门为他设立了有机化学的新教授职位，格拉斯大学选他为名誉博士，这许多荣誉丝毫没有改变他的谦虚为人。德国化学家肖莱马逝世后，恩格斯在悼文中称他是"世界上最谦虚的人"。

谦虚是一种美德，是一种难能可贵的品德。我们每个人都要养成虚怀若谷的胸怀，都要有一种谦虚谨慎、戒骄戒躁的精神。

朋友家后园有一块空地，他撒了向阳花的种子。向阳花长势很好，发芽开花，花朵金黄金黄的，煞是美丽。朋友的儿子看到向阳花的花朵整天追随太阳转来转去，很是惊奇。

终于有一天，黄灿灿的花朵里长满了瓜子，花朵不再骄傲地仰着头，它谦虚地低下了头。孩子猜想仰着脑袋的花朵结出的瓜子，会不会比低着的更饱满。于是，他将其中的一朵花固定好，让它一直扬着头，高高地朝着太阳。

花朵里的果实在一天天的期盼中成熟了。孩子伸出胖乎乎的小手把最高的那个花朵摘下来。可出人意料的是，花朵里面已经全部都烂了，糜烂的气息扑鼻而来。

后来我们请教了有经验的花农，花农告诉我们：如果向阳花花朵一直高扬着头，里面积满了雨水和露水，它就没有办法排出。于是，本来应该是果实的摇篮的花朵，却变成了滋生细菌昆虫的温床，所以健康饱满的向阳花总是谦虚地低着头。

低头是一种智慧，一种气度。勾践曾经低头，卧薪尝胆。淮阴侯韩信曾经低头，忍受胯下之辱；三国刘备曾经低头，屈身恭请孔明出山；他们之所以低头，就是因为他们在低头的那一刻，就坚信他们的头将来会高高扬起。

低头也是一种谦逊的态度。富兰克林年轻的时候，去一座低矮的茅屋请教一位老科学家。他挺胸昂首走进小茅屋，一进门，他的额头就撞在门框上，额头青肿了一大块。

老科学家看他这副样子，笑道："很痛吧，你知道吗，这是你今天拜访我最大的收获。一个人要想洞明世事，练达人情，就必须时刻记住低头。"富兰克林后来回忆他成功之道时说，他的成功源于那次拜访，他懂得了谦虚。

低头，就是让别人看到自己的诚挚，以虔诚的心做人处事，看清楚周遭的人和事。总是高高仰着头，走在前面，是很难在他人处汲取智慧的。低头是为了再抬头，我们不怕低头，怕只怕低下头去，再不懂昂起来。

每个人在付出了必要的劳动和热情之后，都渴望得到人和社会的肯定和认可，都期待着人的赞许。一个低调的人往往会把人最需要的东西慷慨地奉献出来，因为他们懂得为别人着想。赞许人的实质不仅是对人的尊重和评价，而且是送给别人最好的礼物和报酬，是搞好人际关系的一笔暂时看不到利润的投资。能把光环让给别人的是我们的一片善心和好意，传递的是我们的信任和情感，化解的是我们有意无意间与别人形成的隔阂和摩擦。因此，我们何乐而不为呢？

我们每个人都有吸引他人注意力的心理需要，就好比自我中心意识的思想在发话："快来看我啊，多么与众不同！我的故事比你的精彩。"心里的这个声音也许不会说出来，但始终却坚信着"我的成就就是比你的重要"。是啊，人人渴望自己被关注、被倾听、被景仰、被认为不同凡响，而且通常是跟另外一个人比较的时候。这种意识驱使着我们经常打断别人的谈话或总是迫不及待地要发言，以便将周围人注意的中心引到自己身上。想想看，这在无形中却败了别人的兴致，从而疏远了自己与他人，真是对谁都没有好处。

虽然我们的积习一时难以根除，但想想拥有这种把光环让给他人的自信，将是多么令人愉快的好事，更何况做到这一点无须面对艰难困苦，你需要的只是勇气和毅力以及一点点谦虚而已。

当你将谦虚养成习惯时，你就会跳出需要别人关注的消极心态，转而拥有一种慷慨地把光环让给他人的自信。你不会因此而失去什么，相反，你的成熟美自然地昭示着一种无须声张的厚度，一种并不张扬的高度，你的内心会获得更多平静。

第六节 把借口当敌人

只有面对责任与挑战，不为自己找借口，不推托，才能真正实现自己的价值，逐步走向成功。事事找借口的人只不过是给自己的退缩和无能找一个连自己都无法信服的托辞。如果爱迪生总是消极怠惰找借口，他是不会成为举世闻名的发明家的。

生命容不下任何借口

爱迪生是一个从不找借口的人，他的工作和研究一向严谨，并且严格要求自己，即使有些实验出现偏差或者彻底失败了，他也不会埋怨任何外在的事物，只是自己寻找缺点从头再来。他坚信："生命容不下任何借口。"

西点军校是美国陆军军官学校的别称，二百多年来，西点军校为美国培养了3位总统，5位五星级上将，3700名将军及无数的军事精英人才。不但如此，更让人惊讶的是，大批西点军校的毕业生在企业界同样获得了非凡的成就。二次世界大战以后，在世界500强企业里面，西点军校培养出来的董事长有1000多名，副董事长有2000多名，总经理、董事有5000多名。可以说，任何商学院都没有培养出这么多优秀的管理人才。

西点军校到底隐藏着怎样的秘密？费拉尔·凯普在他的《没有任何借口》一书中明确阐述了其中全部的秘密就在于"没有任何借口"，"没有任何借口"所体现出的是一种负责、敬业的精神，一种服从、诚实的态度，一种完美的执行能力。自信、诚实、主动、敬业，成为了可信赖和承担重任的人必备素质。

譬如学长问："你认为你的皮鞋这样就算擦亮了吗？"你的第一反应必定是为自己辩解，什么鞋油不够用啦，什么不小心让人踩脏啦等等，可是这样的回答不符合规范答案的要求，所以你只能说："报告学长，不是。"学长要问为什么，你最后也只能无可选择地答："没有任何借口。"正是这个"没有任何借口"，引导一代又一代的西点人逐步由不自觉到自觉、由不自然到自然地认可和接受一切近乎苛刻的训练与管理，成为素质优良、世人称许的合格军官。

借口是阻力，是拖延的坏习惯

以下摘录的是《没有任何借口》一书中的部分内容：

在美国西点军校里有一个广为传颂的悠久传统，就是遇到军官问话，只能有4种回答："报告长官，是"；"报告长官，不是"；"报告长官，不知道"；"报告长官，没有任何借口"。除此以外，不能多说一个字。

"没有任何借口"是美国西点军校200年奉行的最重要的行为准则，是西点军校传授给每一位新生的第一个理念。它要求的是每一位学员想尽办法去完成任何一项任务，而不是为没有完成任务去寻找借口，哪怕看似合理的借口。其核心是敬业、责任、服从、诚实。这一理念是提升企业凝聚力、建设企业文化最重要的准则。秉承这一理念，众多著名企业建立起了自己杰出的团队。

"没有任何借口"是无数商界精英秉承的理念和价值观，被众多著名企业奉为圭臬。在现实生活中，我们缺少的正是这种精神：想尽办法去完成任务，而不是去寻找借口。

借口让我们暂时逃避了困难和责任，获得了些许心理的慰藉。但是，借口的代价却无比高昂，它给我们带来的危害一点也不比其他任何恶习少。世界上最愚蠢的事情就是推卸眼前的责任，认为等到以后准备好了、条件成熟了再去承担才好。在需要你去承担重大责任的时候，马上就去承担，这就是最好的准备。如果不习惯这样去做，既是等到条件成熟了以后，你也不可能承担起重大的责任，你也不可能做好任何重要的事情。

许多借口总是把"不"、"不是"、"没有"与"我"紧密联系在一起，其潜台词就是"这事与我无关"，不愿承担责任，把本应自己承担的责任推卸给别人。一个没有责任感的员工不可能获得同事的信任和支持，也不可能获得上司的信赖和尊重。如果人人都寻找借口，无形中会提高沟通成本，削弱团队协调作战的能力。

找借口的一个直接后果就是容易让人养成拖延的坏习惯。

很多爱寻找借口的人都是因循守旧的人，他们缺乏一种创新精神和自动自发工作的能力，因此，期许他们在工作中做出创造性的成绩是徒劳的。借口会让他们躺在以前的经验、规则和思维惯性上舒服地睡大觉。

在我们平日的工作中往往存在两种人：一种人以对工作、单位高度负责的态度，以负责、敬业的精神，兢兢业业，高质量、高效率完成自己的任务，坚定不移地执行规章理念，努力工作并成为单位里的高效员工；而另一种人则是自由散漫，不思进取，逃避工作，逃避责任，认为工作做得多就会出错多，认真完成本职工作，反而觉得"吃了亏"。

两种工作态度决定了两种不同的工作方式。不负责任、推卸工作是与公司的文化格格不入的，也不利于个人发展。努力做事是所有组织成员应该遵循的工作态度。

对企业来讲，不管是白猫黑猫，能抓住老鼠就是好猫。企业靠结果而非靠借口生存，具有不重苦劳重功劳、不重过程重结果的特点。因而，优秀员工解决问题，会把难题留给自己，把成果留给公司。相比之下，平庸员工则遇到难题便寻找借口。

古罗马皇帝哈德良曾经碰到过这样一个问题：他手下有一位将军，跟随自己长年征战。有一次，这位将军觉得他应该得到提拔，便在皇帝面前提到这件事。

他说："我应该升到更重要的领导岗位，因为我的作战经验丰富，参加过10次重要战役。"

哈德良皇帝是一个对人才有着高度判断力的人，他并不认为这位将军有能力担任更高的职务，于是他随意指着拴在周围的驴子说："亲爱的将军，好好看看这些驴子，它们至少参加过20次战役，可它们仍然是驴子。"

其实工作也是一样，人在职场中没有苦劳，只有功劳。经验与资历固然重要，但这并不是衡量能力的唯一标准，如果只讲资历不看能力，就会出现论资排辈的现象，而这并不是一个好的现象。

作为一个发展多年的企业，海尔怎么能保证创业元老不失去创业的激情？元老怎样做才能跟得上企业发展的步伐呢？

张瑞敏回答说："我认为对待元老还是要看其是否对企业做出贡献。如果你因为照顾他，导致企业没有饭吃了，那么这种照顾就是对所有员工的不照顾。不论是对元老还是年轻人，到底怎么样做才算是真正的照顾呢？我认为不是表现在物质的小恩小惠上，而是让他自己具有竞争力。"

海尔不看学历和资历，只看业绩，以绩效论英雄，真正做到"能者上、平者让、庸者下"。每年年终，总有一部分中层干部因完不成市场任务而被降级，又总有一批超额完成任务的新秀走上领导岗位。

一位教授曾问张瑞敏："那些跟随你多年，跟随你打天下的人，你怎么下得去手？这是不是太残酷了？"

张瑞敏回答："第一，我是等距离原则，与所有的干部都是等距离的，没有亲疏之分，谁上谁下完全由制度说了算。在海尔，一个管理干部如果连续四五次排在末位，他不下台反而成了怪事。通常，他自己就会要求下来；第二，这样的用人机制看似严酷，实际上是最大的仁慈，否则，迁就了一个人，毁了整个海尔，你说哪个更残酷？"张瑞敏常说海尔像一辆在发展和改革的大道上疾驶的汽车，每到一个急转弯处，总会有人掉下来。

创业有创业英雄，守业有守业的好汉，无论是"英雄"还是"好汉"，都应该是那种会运用智慧工作的人，而不是那些拿"没有功劳也有苦劳"当借口的人。

工作如此，做人也如此。在人的一生中，无须借口和理由，成功也好，失败也罢，再好的借口在事实面前也是那么的苍白无力。这种"理由"实际上是一种毒素，它腐蚀着人们的思想，使人养成一种懒散、不思进取的习惯。

结果是衡量一个人成功与否的终极标准，如果一个人每天辛苦努力工作，却没有结果，何谈成功？因此，只有关注结果，不为自己找借口，不推托，才能真正实现自己的价值，逐步走向成功。

第七节　视灰心为毒药

海明威在《老人与海》中写道："一个人并不是生来要被打败的，你尽可以把它消灭掉，可就打不败他。"英雄的肉体可以被毁灭，可是精神和斗志不能失去，永远都不可以灰心颓丧。

灰心会使人丧失斗志

爱迪生曾以巨大的精力与财力投入铁矿事业，但最终损失惨重。爱迪生的铁矿事业虽然失败了，但他没有一蹶不振。他很快又爬了起来，并考虑如何运用既有的经验，重新开创一番事业。最后，他决定兴办水泥事业。

爱迪生的这项选择是对的，以前铁矿事业所需要的碎石作业、筛石粉、晒干矿石等，这些都可以运用到水泥事业上。而且，这时正是美国工业的鼎盛时期，水泥的需要量存5年内，就已经增加了两倍。

"木材会腐朽，石材和砖块也会崩坏。可是钢筋水泥的建筑却永久不坏。看如今的高楼大厦，我相信一百年它们也和建立的时候一样坚固。"爱迪生这样说。

水泥最早是由英国石匠阿斯普奇发明的，那是在1824年。美国宾夕法尼亚科普雷的舍勒等人于1827年开始仿制水泥。在工程师怀特用自然水泥修筑伊利运河后，开始仿制水泥的人日渐增加。法国在1840年，德国在1898年先后建起了水泥厂，到20世纪初，人造水泥大为盛行。

爱迪生看到了水泥业的发展前途，决定发展这一项目。尤其是他在采矿业中获得了许多关于碾石的经验，这为他提供了跻身于水泥业的条件。

1898年，爱迪生在西奥伦治以西70公里外的森林里发现了石灰石，他立即购下了800英亩蕴藏着石灰石的土地。

当他对水泥制造有了较为深入的了解后便开始设计工厂，经过24小时的紧张工作，工厂的设计图完成了。

爱迪生设计建造的工厂，直到今天还保留着。他从附近的矿厂运来石灰石，那些用于开采铁矿、碾碎矿石的机器马上就派上了用场。

在自己的加工厂内，爱迪生打破常规，设计了一个大型长窑。起初他用了一个木质的模型，反复进行实验，最后得出了满意的结果，依据新的理论建造出一个石灰窑。

新石灰窑完工后，实验结果表明产量比普通的窑多了一倍。然而，爱迪生还不满足。

爱迪生水泥公司的水泥产量不断上升，从每天750桶增加到850桶，但爱迪生依旧嫌产量太少。于是他提出了几种改进的方法，使后来工厂的生产不但超过900桶，又增加到了1000桶。最后在24小时内竟突破1000桶达到1100桶。

在当时，有很多人对长窑的产量表示怀疑，他们预言这种方法很快就会失败，他们认为长窑一定会出现弯曲现象。可是事实证明，他们是错误的。

不到几年，美国全国出产的波特兰水泥一半以上是用爱迪生式的长窑生产的。而且，烧制水泥所需的煤也减少了一半。

爱迪生还利用铁矿厂设计过程中获得的技术大大改革了水泥

石烧制前的碾磨工序。最后，用5吨大型气铲取代了小车推运水泥石。

爱迪生的水泥工厂完全实现了机械化，全厂日产量为1100桶，220吨。

爱迪生预期能够用增加窑数的办法来继续扩大生产。他的窑长约50米，宽约3米。窑的设计原理被证明是正确的，所以爱迪生开始生产廉价水泥，这就更大地提高了对水泥的需求量。

当时，即在20世纪初，水泥主要是用来配制灰浆，供砌石、铺水泥路和生产钢筋混凝土构件。爱迪生认为，水泥应用的前景一定更为宽广。爱迪生产生了"浇注式房屋"的想法，也就是用专门的机器把水泥浆浇注到模具里而制成框架式的房屋。

爱迪生曾说："我总是力求在我力所能及的范围内做些什么，以便使我国人民进一步摆脱繁重的劳动，并力求创造出最大的可能性，使人类得到幸福和繁荣。我认为，如果我们建立一家工厂，能生产出比现在质量更好、价格更低廉的水泥的话，我们厂定为此作出努力。如果我们能实现这一点，那么一座有6个房间的水泥房子，我们可以只花300美元就建立起来。"

在建造水泥房子时，爱迪生采用先造好房屋架构、安装铁筋，然后灌注水泥的方法。按照他的设想，灌注水泥法只要6个小时就可以造好一幢漂亮的房子。他曾估计："浇注一幢6个房间的房子只需300美元的代价。塑造的模型可以在全国各地重复使用，这样就可以节省许多费用。"

"爱迪生式建筑法"掀起了一次建筑业的革命，此后各处的大楼、工厂等大建筑，纷纷采用这种省时省力的"爱迪生式建筑法"。

1908年8月，爱迪生提出申请这种建筑方法的专利。

很快，爱迪生参与了新泽西州第一座水泥房屋的建造。巨型搅拌机被固定在现场，一条传送带将水泥送上屋顶的储泥池，6个小时便可将模具灌满。6天以后，模板去除，剩下的工作只是安装门窗、管道、照明及其他的辅助设备。

然而，"爱迪生式建筑法"没能大范围地推广，因为这种建筑法虽然方便，但式样却大同小异，千篇一律；而人们对自己的住房各有各的习惯和爱好。因此，相同式样的房子就不太受人欢迎，这就是"爱迪生式建筑法"的局限性。

在一些基础工作完成之后，爱迪生写出了一份更为细致的计划，即建造一种弗兰西斯一世风格的建筑。这种建筑绮丽豪华，如用石材制造，其造价高得难以支付；如果用水泥建造，内部的装饰可以用彩绘解决，屋顶制成瓦状，也易于漆成主人喜欢的颜色。这种房屋据说能够绝缘，又可以减少3／4的建筑费用。但是，这种房屋仍没能普遍推广使用。

面对失败和困难，爱迪生没有灰心丧气，他深知，灰心是扼杀人们斗志的毒药。一个人的成功除了需要刻苦努力外，还需要强大的精神力量做后盾，这种精神来源于希望、恒心，以及永远积极向上、永不灰心的毅力。灰心是扼杀成功的毒药，如果爱迪生遇到挫折就灰心失望，那他就不会有那么多的发明和创造问世了。

远离灰心，拥抱自信

成功者和失败者非常重要的一个区别就是，失败者总是把挫折当成失败，每次挫折都能够深深打击他的锐气；成功者则是从不言败，在一次又一次挫折面前总是对自己说："我不是失败了，而是还没有成功。"一个暂时失利的人，如果继续努力，打算赢回来，那么他今天的失利就不是真正的失败。相反，如果他灰心失望，失去了再战斗的勇气，那就是真输了。作为当代的青少年，一定要做人生的赢家，尽量远离灰心这一毒药。

第八节　以虚伪为罪恶

虚伪和欺诈是一切罪恶之母。我是本着对世人有益的目的从事研究的，不是为了帮资本家赚钱。——爱迪生

虚伪和欺诈是一切罪恶之母

当年爱迪生还在某个电信局工作的时候，因为当时的电信线使用很混乱，他想，不知道能不能用一条电线使双方同时拍发电报呢？

爱迪生一直没有放弃过这个想法，所以在纽瓦克研究所苦心地做这项研究。1870年他终于完成这项叫作"二重电报法"的发明。

使用同一条电线，如果双方没有什么障碍，就可同时拍发电报给对方。这是在电线两端装置了那种只在同一形态电流时才会感应，其他形态则不会感应的磁石的关系。

这真是电信机械的革命，他在4年后的1874年再次发明了四重电报机。这项发明不但1分钟可以拍发3500句，也节省了1／4的电线安装和维护费用。这使得美国仅仅在电线的装设费上就节省了将近2000万美元。

爱迪生虽然发明了四重电报机，可是要使它实用化，还需要很大一笔费用，而且因为爱迪生一向采取大方的经营方法，借款颇多，导致工厂也差一点被查封。

爱迪生想把这项专利卖给西部联合电话电报公司，试验的结

果相当成功，所以这家公司先付了5000美元作为购买专利的部分费用。

有了这笔钱，爱迪生能够摆脱一时的困难，但这些钱仍然不够用。各方催讨欠债，他还是无法偿付。

西部联合电话电报公司惊讶于爱迪生的发明，他们心想，这样的机器如果被其他公司抢去就糟了，因此立刻和爱迪生签订契约，本意却不想再花大钱添购这项设备，老实的爱迪生一点也不知道这是个诡计。

这时候，有个名叫古德的人出现了，他对爱迪生说："爱迪生先生，好不容易发明的东西，如果不实用化就没有价值，四重电报机，我出400万美元购买。"

因为爱迪生经营工厂和做研究需要很多钱，于是就又和古德订了契约。古德这个人是和西部联合电话电报公司竞争的另一家大西洋、太平洋电信公司的大股东，一直计划将西部联合电话电报公司合并过来，他需要从爱迪生那里买下四重电报机的专利。

这种用心险恶的计谋，爱迪生怎么会知道？古德预先付了30000美元作为订金，余款一直不付。

古德的阴谋顺利地进行着，他利用爱迪生的发明，把西部联合电话电报公司接收过来，从此美国的电信事业被这个人独占。

结果是古德想要怎样就怎样，电报费涨得再高，美国国民也只有忍受，因为根本没有其他地方可以拍发电报。

爱迪生的本意是想使电报费降低，好让全国人民受惠，结果这项苦心发明反而使得大家受害。

古德这家伙真是岂有此理！老实的爱迪生对这件事十分震怒，他将古德告到了法院，官司打了35年，可是对这个会钻法律漏洞的古德，法院也没有办法，爱迪生一分钱也拿不到。

对爱迪生来说，最不甘心的是自己做了最好的电信发明，却让坏人古德大赚了一笔。

古德是一个虚伪的家伙，他这种丑恶嘴脸注定被人唾弃。大家知道，待人真诚是一种美德，反之，虚伪就是一种罪恶，被人厌恶。

虚伪让人沉沦，真实令人振作

传说有一只喜鹊，它到处自诩说："我是直筒子性格，心直口快，爱讲真话，从来不怕得罪人。"的确如此，喜鹊碰到不顺眼的，总爱唧喳一通，指责一番。

比如，见了猪，他要斥责："光吃不干的懒家伙。"

见了狗，他要嘲讽："尾巴卷上天的东西。"

见了驴，他要戏谑："蠢货，推磨还要蒙眼。"

见了麻雀，他要讥笑："小不点儿，能把人吵死。"……

有一次，乌鸦总管大人下来巡视山林。喜鹊一听到了这个消息，赶忙飞到乌鸦面前，笑脸相迎，喋喋不休地恭维乌鸦："总管大人，我们太想念您了。见到了您，真幸运。总管大人，您的羽毛真美，您是天下最漂亮的鸟。总管大人，您的歌儿真好听，您堪称鸟王国的最佳歌星。"

乌鸦总管走后，一群鸟民围拢上来，七嘴八舌质问喜鹊："爱讲真话的先生，今天怎么不讲真话了？""乌鸦的羽毛美吗？""乌鸦的歌儿好听吗？"喜鹊窘态百出，支支吾吾，答不出一句话来。

公正的猫头鹰出来替喜鹊作了回答。"喜鹊先生，恕我直言。你的所谓'直筒子性格、爱讲真话'，要看对象是谁吧！在对自己无利害关系者的面前，你什么都敢说，什么都能说；一旦到了关乎自己利害的对象面前，你就不敢讲真话了，像你这样虚伪的家伙是不会有人喜欢你的。"

也许这只是一个寓言故事，但是其中的道理却是值得我们深思的。

动物界如此，人也一样。常言道"日久见人心"，像一些内心丑陋、虚伪的人是不会得到大家的喜欢和认可的。

生命的成长本来应该是单纯和纯粹的，只是有时候我们把它看得过于复杂了。一个人从一出生就如乘上一列一直前行的列车，到死之前不会有一个站台让你歇足或者一条弯路让你延长自身生命的长度，我们唯一可以和生命长度抗衡的就是尽力地拓展我们生命的宽度。我们应该有能力使自己的生命丰富一些，这种丰富也许沉重，但它是真实的，真实就是一种经历，经历构成了生命。虽然人们越活得接近真实就越感到步履维艰，或者这正是自然的生命和文明的人性之间必不可少的一种较量，是强者还是弱者在这里高下立判。

虚伪让人沉湎，真实令人振作。沉湎在虚伪中的生命浑浑噩噩，乃至到死对自身的生命也说不出个所以然，而在真实的环境中被振作起来的生命或许短暂，也会像流星一样留下璀璨的生命轨迹。

第 4 章

好奇是发明的种子——探索篇

好奇心就是科学的种子——也许正是因为爱迪生一直秉持这一点，时时追问，事事探究，才最终成了"发明大王"。只有有了好奇心，人的求知欲才会更强烈。孩子天生有好奇心，如果从孩提时期就没有好奇心，对新奇的东西无动于衷，那么发明和创造也就无从谈起了。

第一节 好奇心是知识的萌芽

爱迪生作为美国的"发明大王",很多人会认为他天赋异禀,其实则不然。爱迪生小时候并没有表现得特别聪明,相反好像有点"呆"。小时候的爱迪生老爱问这问那:"这是什么呀?""那是什么呀?"不过证明了他的确很爱动脑筋。

习惯问为什么

1847年2月11日,托马斯·阿尔瓦·爱迪生出生于美国俄亥俄州的米兰镇。对这位新生儿为什么用复式名字,他的家人是这样说的:孩子的父亲塞缪尔·爱迪生的哥哥托马斯是在婴儿出世那天来到米兰镇的。为表示对哥哥的尊敬,便以他的名字来命名新生儿。另外为表示对帮助爱迪生一家在米兰团聚的阿尔瓦·布雷德利的敬意,就给新生儿取了第二个名字即阿尔瓦。

爱迪生的祖父约翰·爱迪生因为在美国独立战争中站到了英国军队的一边,英军战败后,约翰被迫带着全家躲到了加拿大的新斯科舍。他在那里以务农为主业,逐渐安定了下来。而爱迪生的父亲塞缪尔·爱迪生在伊利湖畔的维恩那城开了一家小旅馆,生活过得也不错。

在维恩那城有个名叫南希的女教师,她是苏格兰裔的加拿大人。塞缪尔追求她,他们于1828年结婚。后来,他们迁徙到了俄亥俄州的米兰镇。南希婚后生了7个孩子,爱迪生是家里最小的孩子。

爱迪生出生不久，他们一家就被迫离开了米兰镇。铁路的铺设导致了河运的萧条，米兰镇也就失去了其原来作为粮食经营中心的地位，工商活动也随之中止了。1854年，爱迪生一家搬迁到休伦，在那里开始经营粮食和木材。

爱迪生的童年在无忧无虑的欢乐中度过。他在孩提时身体很弱，但求知欲极强，很有进取心。孩子们都喜欢在休伦埠巨大粮仓附近的码头上玩耍，但时常由于不小心而掉到运河里，通常他们总是由一些偶然过路的人救起，爱迪生也有这样的经历。

爱迪生很善于观察，他从小就喜欢画画，而且画得不错。爱迪生长大一点后，成了使家人伤透脑筋的孩子。不管什么事，他总是问长问短，真是麻烦透了。

看见黛妮摔破茶杯，他会问："姐姐，茶杯掉到地上，怎么就会破了呢？"

威廉捉到了蜻蜓，他也要问："哥哥，蜻蜓的眼睛怎么会长到头顶上呢？"

他的问题太多了，威廉感到不耐烦，便对他说："那我也不知道呀。"

但他仍接着问："为什么不知道呢？"真是问得使人没法回答。

对于爱迪生来说，这个世界到处是数不清的奇异事物。家里面的事物不能满足他的好奇心时，他便到外面去寻找。

爱迪生经常穿过院子来到河边的一家造船厂，这里的木料上面经常散放着锯子、斧头、刨子等各种用具，爱迪生就一样一样地拿起来向工人提出各种不同的问题。

因为他所问的都是些很奇特的问题，人们常瞧着爱迪生那不大相称的身体说："这个孩子一定不太正常，听说头部特别大是白痴的表现。"

爱迪生对于大人的答复不满意的时候，就自己去实验。他5

岁的时候，有一天看见母鸡在孵蛋，便好奇地问妈妈说：

"妈妈，那只母鸡怎么老是趴在那里？"

"它要给那些蛋加温呀！"

"为什么要加温呢？"

"它要孵蛋啊。"

"什么是孵蛋？"

"蛋孵了以后，小鸡就会从蛋里出来，鸡都是这样生出来的。"

"那么，给鸡蛋加温，就会生出小鸡来，是吗？"

"是啊。"

"嗯，真奇怪！"

有一天，父亲见他一动不动地趴在放了好些鸡蛋的草堆里，像一只母鸡，就不解地问："你趴在草堆里干什么？"

爱迪生回答："我在学母鸡孵小鸡呀！"

原来，他看到母鸡会孵小鸡，觉得很奇怪，总想弄清楚其中的奥秘，所以自己也就亲自试一试。

当时，父亲看见他这副滑稽的样子又生气又好笑地将他拉起来，告诉他，人是孵不出小鸡来的。

在回家的路上，他仍旧迷惑不解地向父亲追问："为什么母鸡能孵小鸡，我就不能呢？"

爱迪生小时候的样子也许有些幼稚可笑，但是就是这种好奇好问的精神使得爱迪生发明了许多别人不敢想或想象不到的东西。好奇心的种子在爱迪生的心底悄悄地萌芽、生长，爱迪生的生命也在不断地变得丰富而有意义。

都是好奇惹的祸

有一次爱迪生看见篱笆上有个野蜂窝，野蜂飞出飞进，就想知道里面有什么秘密，便用一根树枝去捅野蜂窝。

结果，他的脸被野蜂蜇得肿胀不堪，眼睛只剩下两道缝，几乎睁不开了。

有一年的春天，爱迪生和一个男孩子背对着和煦的阳光，蹲在草地上。

"喂，米卡，你是不是有一种奇妙的感觉？"爱迪生瞪着灵活的眼睛发问。"嗯，真有点奇怪。"那个有点傻里傻气的小男孩说。

"是不是身体要浮起来的那种感觉呢？"

"不，我觉得很想吐啊！"说这话时，米卡脸色发青，显得很痛苦的样子。"哎哟，好疼哟，好疼哟……"不久，他两手摁着肚子，在地上打滚，并放声大哭。爱迪生的母亲听到喊叫声，立刻从家里跑了出来。"阿尔瓦，到底是怎么一回事呀？"

爱迪生疑惑地站起来，抬着头望着他的母亲，眼睛里仍然充满了好奇的日光。"我正在做实验呢！是实验人的身体能不能浮到空中去。"爱迪生说。

"什么？浮到空中？"

"是啊。沸腾散不是会产生气体吗？体内充满了气体以后，米卡自然就会……"

"什么？沸腾散？你究竟给他喝了多少呀？"

"这么多。"爱迪生伸出双手，认真比画着给母亲看。

"哟，那么多呀！可怜的米卡会死掉的！"母亲急忙把在地上打滚哭叫的孩子抱进屋里，并派人去请医生。这一下子把家里弄得天翻地覆。

"阿尔瓦，你这小东西真使人伤脑筋，老是恶作剧！"晚上，爱迪生被带到曾祖父留下来的古老大钟下面，挨了一顿鞭子。

爱迪生虽然被父亲狠狠地打了一顿，但他并没有哭，而是一面数着鞭打的次数，一面心里想着："这又不能怪我，都是米卡不好。那个家伙一点也不能忍耐，实验好不容易要成功了，却在中途失败了。"爱迪生拿同伴做实验行为固然是冒失而危险的，但是他乐于探索的精神是可贵的。

休伦港的爱迪生家是一栋殖民地式的红砖建筑，塞缪尔就在这个院子里建成了著名的"爱迪生的巴别塔"。巴别塔是引用《圣经》中提及的一个高塔。

这个木造的塔高约30米，走完螺旋形的阶梯到达顶端，可以将休伦湖以及远近的景色尽收眼底。在塔的顶端，塞缪尔装置了一个望远镜，并让爱迪生担任管理员。

爱迪生被塞缪尔吩咐去散发传单，传单上面写着：

美国第一高塔，在塔上可以看到世界各角落，开放供游客参观，门票仅收2.5美分。

在最初的两个月里，门票的收入仅有3美元。后来，由于铁路局的大力宣传，游览休伦湖的游客便与日俱增，爬上这个美国第一高塔的游客人数很快就达600人之多了。

但是不久，游客却又减少了。于是，塞缪尔就把票价减低为1美分，想借此吸引游客，但结果还是一样。因为巴别塔原是请邻居帮忙建成的，所以很简陋，经风一吹就会摆动，那些胆小的游客爬到中途就因害怕而折返。这个高塔最后变成了爱迪生和米卡两个人的游玩场所。

爱迪生此时比以前更加顽皮了。有一次，爱迪生在库房里面玩火，差点被烧死。后来，家人问他为什么要玩那样危险的把戏，他回答说，他很想知道点了火，会发生什么样的事情。

爱迪生并非是单纯地搞恶作剧，只是好奇心十分强烈。从中可以看出爱迪生的个性：无论什么事，不经过亲手实验和亲眼观察，就不能算数。

爱迪生之所以有这么多的创新发明也许就是因为脑子里有着许多的"为什么"吧。在科学上有所成就的人，都是对哪怕常见的事物保持好奇的人。我们只要在习以为常的现象中看出不一样来，然后一直研究下去，最后就会收获知识的乐趣。

柏拉图曾说："好奇是知识之门。"陶行知先生也曾说过："发明千千万，起点在一问。"好奇心是孩子踏进知识殿堂的第一步。与其说好奇心是知识之门，不妨说好奇心是打开知识之门的一把钥匙。青少年本身有着非常强的好奇心，好奇心是知识的萌芽，当代的青少年们应该在学习知识的过程中将"好奇心"这棵萌芽浇灌、成长，从中体会到成长的快乐。

第二节　好奇是学者的第一美德

爱迪生说："好奇心就是科学的种子，它是学者的第一美德。"只有具有想象力和好奇心的人，养成了探究本质的习惯，才会在不正常的事情中找到通向成功的机会。只有好奇心旺盛的人，才能不断地赋予生活新的含义，理解幸福的真谛。

发现奇迹，与奇迹结缘

在世界理论物理界享有崇高威望，参与了著名的"曼哈顿计划",并以量子电动力学上的开拓性理论获得诺贝尔物理学奖的理查德·费曼,从小就对各种物理现象充满了好奇。11岁时就拥有了自己的"实验室"。当然那不过是地下室里的一个小角落,一个装上间隔板的旧木箱,一个电热盘、一个蓄电池、一个自制灯座等等,就是用这些简单的设备,费曼学会了电路的并联和串联,学会了如何让每个灯泡分到不同的电压。当自己可以控制一排灯泡渐次慢慢地亮起来,"那情形真是美极了"!费曼形容当时的心情时说道。

小费曼可真是顽皮到家了,他常常为自己的小伙伴表演魔术,一种利用化学原理的魔术,比如把酒变成水,等等。他还和朋友发明了一套戏法。桌子放着一个苯生灯,费曼先偷偷地把手放在水里,再浸到苯里面,然后好像不小心地扫过苯生灯,一只手便烧起来。他赶快用另一只手去拍打已着火的手,结果两只手便都烧起来(费曼告诉我们,手其实是不会痛的,因为苯烧得很快,而皮肤上的水有冷却作用)。他挥舞双手,边跑边叫:"起火啦!起火啦!"所有孩子都很紧张,全部跑出了房间,而他的表演就这样结束了。

费曼的"实验室"其实更像是一个"儿童乐园",他的"实验"也只是一种游戏,但是,现代科学最基本的精神——实验精神,就在这些玩乐和游戏中得到了充分的展现。

一位传记作者了解到费曼顽皮的一面,不解地问道:"费曼先生,您小时候是那样的顽皮,在所谓的'实验室'里浪费了大量时间,您不觉得那时候是在做一些无用功吗?"

费曼幽默地说:"不是这样,不是的。您想,若没有足够的无用功,小费曼怎样长大啊!"费曼告诉他,孩子时代的想象之旅、恶作剧、荒诞实验等是启发科学智慧的温床。

费曼孩童时代培养起来的好奇心和超人的想象力在他步入中年之后终于破土而出。什么新鲜、离奇的事和现象一旦落入费曼的眼帘,他就会像一只馋猫嗅到腥一样,穷追不舍。

有一个星期天,他坐在普林顿研究院的餐厅里,有些人玩耍,把一个餐碟丢到空中,碟子升起时,边飞边摆动,碟子边缘上的红色校徽也随之转来转去。闲坐的费曼开始计算碟子的运动。结果发现,当角度很小时,校徽转动的速度是摆动速度的两倍。他兴冲冲地跑去把他的发现告诉同事。同事的反应是:"费曼,那很有趣吗?你为什么要研究它?"费曼只好老实回答:"不为什么,我只是觉得好玩而已。"

这个回答不能代表所有科学家从事科学研究的动机,却能告诉我们,对我们生活的这个世界缺乏敏锐的关注和好奇,你就不会在科学研究上有什么成就。因为我们周围,没有一件事情是毫无意义的。

有着鹰一样眼光的费曼,用"好玩"搪塞过同事后,仍继续推算盘子转动的方程式,并进一步思索电子轨道在相对论状态下如何运动,接着就是量子电动学。一切都是那么毫不费力,一切看上去都毫无意义,可结果呢?费曼后来这样总结他的工作:"结果却恰恰相反,后来我获得诺贝尔奖的原因——费曼以及其他的研究——全都来自于那天我把眼光浪费在一个转动的餐碟上!"

在好奇中发现,在顽皮中实践,理查德·费曼就这样从科学顽童成长为科学巨匠。富于想象与好奇,并从细微的现象中探究本质,是一个生活有心人必须具备的习惯。

爱迪生因为"好奇"而创造了那么多的发明,哥白尼因为"好奇"而发现了"日心说"。好奇者才能有"奇缘",世上的事,只要你保持一颗好奇的心,别总是说"少见多怪",你就可能发现"奇迹",并与"奇迹"结缘。

第三节　没有问题才是最大的问题

"为学患无疑，疑则有进；小疑则小进，大疑则大进"。可见有"思有疑学方进"，没有问题反而是最大的问题。

小爱迪生是"问题学生"

爱迪生7岁上学后，他强烈的求知欲和钻研问题的习惯愈发显露出来。他对他所接触的东西总是无休止地提出这样或那样的问题，并要求老师解答清楚。对此，老师很是头痛。有一回上算术课时，老师教同学们说"2+2=4"，爱迪生一定要让老师讲明白，"2+2"为什么等于4。尽管老师给他作了一番解释，但并不能满足他的要求。于是，老师就说他"愚蠢"。爱迪生不满足自己已经学得的知识，而是时时刻刻用自己天真幼稚的心灵去探索大自然的秘密。无疑这份怀疑和求知精神对他成为享有盛名的发明家大有裨益。

人类的进步来源于不断地发现问题、解决问题。早在春秋时期，伟大的教育家孔子就提出了"学而不思则罔，思而不学则殆"的观点。《中庸》中"博学""审问""慎思""明辨""笃行"这五个环节中，三个环节的实质是"思"。朱熹把"多思善疑"的主张阐述得更加具体："读书无疑者需教有疑，有疑者却要无疑，到这里方是长进。"陆九渊也有"为学患无疑，疑则有进""小疑则小进，大疑则大进"的见解。

多疑善思是成功的起点

戴震是清代著名的大学者，他自幼读书时，就有敢于发疑、穷根究底的精神，王昶为他作的墓志铭中有这样一段记载：

十岁受傅，受《大学章句》至"右经一章"以下，问其塾师："此何以知为孔子之言而曾子述之？又何以知为曾子之意而门人记之？"师应之目："此先儒朱子所注云尔。"又问："朱子几何时？"曰："南宋。"又问："孔子，曾子何时人？"曰："东周。"又问："周去来几何时？"曰："几两千年。"又问："然则朱子何以知其然？"师无以应。

这种多疑善思的精神正是他后来能做出成就的起点。

"学"和"疑"是治学过程中必然出现的两个阶段，积学而生"疑"，"疑"是获得真知的先导。看书有了疑问，自然要想得到正确的解释，这就促使你多看书，下功夫去钻研。一个问题弄清了，新的问题又出现了，如此循环往复，不断深入，由感性认识上升到理性认识，你的眼光就会变得越来越敏锐，知识也会越来越丰富并能用这些知识进行创新。从这个意义上说，有怀疑，才有创新。

如看书发现不了问题，研究也就无从谈起。读书发现了问题，下一步怎么办呢？下一步就是考证工作的开始，那就是立假说。

胡适有这样两句话："大胆假设，小心求证。"对我们学习很有指导意义。"大胆假设"是说读书要有怀疑精神。对旧说有怀疑，就想立新说，立新说就要有一个假设。

学会大胆质疑

哥白尼在宗教势力的禁锢中提出"太阳中心说",直接反对宗教僧侣的"地球中心说"。这个假设可以说是最大胆的了,这是天文学上从来未有的大革命。当然,假设不妨大胆,关键还在于"小心求证"。"太阳中心说"是哥白尼和他以后的科学家们用越来越多的不可辩驳的事实证明了的,是千真万确的,这就是"小心求证"。没有确凿的证明,假设就成为空想。

在求知的道路上,怀疑犹如一粒学问的种子,没有它就开不出知识的花,也结不出智慧的果。伟大的法国作家巴尔扎克曾经说过:"打开一切科学的钥匙都毫无疑问是问号,而生活的智慧大概就在于凡事都问个为什么。"质疑之所以可贵,就贵在思索,敢于设想,敢于创新,敢于发现真理。

在美国的课堂上,他们从小学开始就强调策略性知识。这类研究性的课堂以提问和讨论为主导,来启发学生的"问题意识"。我国以前的教育可能偏重于理论,应试教育的成分多一些。但是,新课改的实行力图教育我们青少年要有自己的思维,学会独立思考。

很多国内的媒体在比较中美教育的时候都会强调"有没有问题"这一区别,并将其归结于意识和文化上的差异。其实中国的师生也有提问和研究的意识,但实践的过程中有很多阻力,学习习惯、课堂规模、教师素质、考试压力……提问不完全是面子的问题,也绝非张口即来的容易事,它是输入和输出的纽带,是思想碰撞的火花。

大量的阅读是提问和回答问题的基础,没有课前的充分准备,课堂里是不会和老师的启发碰撞出火花来的,自然也提不出什么问题。尤其是我们中国留学生,初期阶段语言还不够自信,在课堂上发表意见的时候往往要先在脑子里组织一下思路。可是一边听一边想，如果对讨论的问题没有预先充分的了解，两者是很难兼顾的。

耶鲁本科生的反应之快是很令人瞠目的。

在一次文学叙述课上，老师介绍了中国民间的一个神话故事《鲤鱼姑娘》，这个故事也许我们小时候也听过。那节课讨论的主题是西方的经典《灰姑娘》，当来自中国的听课老师还没反应过来为什么突然扯到鲤鱼姑娘那里去时，就有个本科生发问了："每个民族的神话里都有灰姑娘的原型，但故事的叙述有很大差别。中国人为什么要让他们的灰姑娘和动物结合起来呢？鲤鱼在中国文化里一定有特殊的意义和象征吗？"于是，老师顺着他的问题开始进行叙述背后的文化比较。

要是我们每个学生都像他那么有悟性，大家从不同的角度，一个问题接一个问题地往深处挖掘，该是多么完美的一节课啊！让所有人的思维在碰撞中产生新的灵感，是课堂最根本的目的。独立学习和课堂教学的区别不就在这里吗？当然这是最理想的状态，现实是耶鲁的学生也经常提一些"愚蠢"的问题，"愚蠢"是和前面那些聪明问题相比较而言。

并不是所有问题都值得深入探究。"问题"一般分三种，一种是问题本身确实简单，往往根据老师的分析和前面同学的讨论，通过简单的逻辑推导就可以得出结论。还有一种问题明显没有经过太多考虑就脱口而出，说到一半，自己也不知道到底要问什么。就这样他们也敢开口，这种"胆识"是一般中国学生所不具备的，估计从小被老师的"规矩"给框死了，方方正正地不敢有一点点"出格"。大家见过那些不用大脑，只用嘴巴问问题的孩子被人嘲笑，而且是当场被大家嘲笑。可他们似乎并不往心里去，抓抓脑袋和大家一起笑。第三种就是借提问来自我表现，先说一大堆自己的理解，最后问一个无关痛痒的"是与否"的问题。这类问题往往让回答的人很不耐烦，听众则也会很奇怪，你既然都说得头头是道了，还问什么！

但无论愚蠢还是奇怪，青少年们就应该勇敢地、大胆地提问。没有问题才是最大的问题。追问再追问，这是学习的方法，也是成长的方法。

第四节　只怕想不到，不愁做不到

很多事情看似不可能，但只要你突破固定思维的束缚，换一种方式去做，很多"不可能"都会变成"可能"。

努力把不可能变成可能

在爱迪生的发明创造中，能够引起当时社会震惊的莫过于留声机了。众所周知，爱迪生从小耳朵失聪，他能发明这样一个发声的机器不得不说出人意料。可见世上的事没有做不到，只有想不到。只要你想到了，就有希望能够做出来。

当莱特兄弟在经营自行车行的同时，也动手研制能在天空中飞行的飞机，人们都说"不可能"。但经过不懈的努力，飞机终于上天了，并且很快成了时速最快的运输工具。莱特兄弟把"不可能"变成了"可能"。

当全世界都认定中国是贫油国，地下找不到石油时，李四光带领他的地质勘探队，找到了一个又一个蕴藏丰富的油田，把"不可能"变成了"可能"。

当人们对联想收购IBM个人电脑持观望、怀疑的态度时，杨元庆和同事们以"蛇"吞"象"的大无畏气魄给了观望者一个肯定的答案，把"不可能"变成了"可能"。

"世上无难事,只要敢攀登"。看似不可逾越的高峰,步步攀登也能登上山巅;看似遥不可及的征途,步步跋涉也能到达。有时看似不可能的任务,只需要我们保持信念,换个思路,寻找新的方法来完成它。

1921年6月2日,《纽约时报》为纪念电报诞生25周年发表了一篇评论。评论中透露了这样一个信息:现在人们每年接收的信息是25年前的20倍。在大多数读者眼里,这是一句普通的话,普通得甚至很多人读后就忘记了。但是,在一些喜欢思考而且眼光独特的人眼里,这却是一条极具商业价值的信息,美国至少有20位人士立即对这一信息做出了迅速的反应,即准备创办一份文摘性刊物。他们在不到2个月的时间内,都到银行存了1000美元,作为资本金,并办好了营业执照。

然而,当他们到邮政部门办理有关发行手续时,邮政部门告诉他们,由于很快就要进行中期选举,此类刊物的征订和发行暂时不能办理,开禁时间也不知道到什么时候。总之,在这种情况下办这样的一份刊物是不可能的,因为大环境不理想。

听到这个消息后,有19个人认为局势对创业不利,于是他们很快就递出了暂缓执行的申请。但是,一个名叫德威特·华莱士的年轻人却没有理会这一套,也没有把别人那句"不可能"的话放在心上。他认为"不利因素"也可能转化为商机,这不,邮政人员一句话就为他"消灭"了19个竞争者。

华莱士回到他租住的纽约格林威治村的一个储藏室,在未婚妻的帮助下,他们一共糊了2000信封,并装上征订单寄了出去。就这样,《读者文摘》诞生了,而且很快创造了奇迹。到了20世纪末,《读者文摘》已拥有数十个版本,并涉及19种文字,畅销127个国家和地区,用户1.1亿,年收入5亿美元。几十年以来,在美国期刊排行榜中,《读者文摘》一直牢牢坐在第一把交椅上。《读者文摘》取得的成绩证明了华莱士已把人们认为的"不可能"变成了"可能"。

在工作中，假如我们也能像华莱士那样，遇到困难时就换一种思维，换一个角度去看问题，这样就能发现事物有利的一面。如果华莱士也像其他人一样认为"这是不可能"的，那么，现在美国期刊排行榜上就不一定有《读者文摘》的名字，而华莱士也不可能成为著名的企业家和慈善家。

华莱士成功的经历告诉我们：成功者绝不会等到时机成熟、万无一失时再开始工作，只有那些在既定的环境中，能从"不可能"中看到希望，并自动自发地去把事情做到极致的人，才有可能获得成功。

我们平时喜欢讲一句话，"眉头一皱，计上心来"，其实，这往往是在特定时期特定人物的状况。要有好的点子和想法，应当付出更多的努力。

洛克菲勒曾经一再地告诫他的职员："请你们不要忘了思索，就像不要忘了吃饭一样。"

比尔·盖茨说过，通往最高管理层的最迅捷的途径是主动承担别人不愿做的事，并在其中展示你出众的创造力和解决问题的能力。

所以只要努力去找，解决困难的方法总是有的，同时也只有努力地去找方法解决困难，你才有可能成功，也才会有意想不到的惊喜。

办法是想出来的

10多年前，汤姆在一家建筑材料公司当业务员。当时公司最大的问题是如何讨账。产品不错，销量也不错，但产品销出去后，总是无法及时收到回款。

有一位客户买了公司10万美元的产品，但总是以各种理由迟迟不肯付款，公司派了三批人去讨账，都没能拿到货款。当时汤姆刚到公司上班不久，就和另外一位叫迈克的员工一起被派去讨账。他们软磨硬泡，想尽了办法。最后，客户终于同意给钱，叫他们过两天来拿。两天后他们赶去，对方给了一张10万美元的现金支票。

他们高高兴兴地拿着支票到银行取钱，结果却被告知，账上只有99900美元。很明显：对方又耍了个花招，他们给的是一张无法兑现的支票。第二天就要放圣诞节假了，如果不及时拿到钱，不知又要拖延多久。

遇到这种情况，一般人可能一筹莫展了。但是汤姆突然灵机一动，于是拿出100美元，让同去的迈克存到客户公司的账户里去。这样一来，账户里就有了10万美元。汤姆立即将支票兑了现。

当汤姆带着这10万美元回到公司时，董事长对他大加赞赏。之后，他在公司不断发展，5年之后当上了公司的副总经理，后来又当上了总经理。

遇到问题，解决问题，没有办法，思考办法，寻找办法。这是成功者应该具有的品质，也是我们应该效仿学习的精神。也许在很久以前，电灯是一般人想不到的，电话是别人不敢想的，电影在别人的脑海里就是一个神话，但是爱迪生把它们变成了现实，创造了一个又一个奇迹。爱迪生有那么多的发明和首创，就是因为他敢"想"。在现实生活中也一样，很多事情不愁做不到，只怕想不到。青少年们，只要你们敢想敢做，肯定也会创造出另一种"奇迹"。

第五节　好动和不满足是进步的前提

绝妙的想法是存在的，但它们只存在于惯性思维之外。因此，要想找到解决问题的最好办法，我们就必须破除陈规的束缚，永不满足，多问几个"为什么",继而想出解决的办法。

勤懂脑筋就不难有新发明

波士顿与爱迪生曾经工作过的中西部地区大不相同。比较而言,这里的生活环境非常好,学术气氛也很浓郁。在波士顿公共图书馆轻易就可以读到从前在中西部找不到的书。

爱迪生买来了一本《法拉第电学研究》。通读过这本书之后,他发现,这本书上有关电的知识比他读过的所有书籍都详细。这本书中所阐述的电报业发展的理论基础使他受到很大的启发。对爱迪生来说,法拉第是世界上伟大的人物之一。爱迪生的脑子里又在憧憬着一个新的理想。他打算辞去报务员的工作,专门从事科学发明。

1868年10月,爱迪生和他的助手经过不断地钻研、试验,终于制造出了投票记录机的原始模型。

随后,爱迪生又发明了"极化继电器"。极化继电器的发明有力地推动了电报行业的快速发展。

爱迪生在电报学领域工作的时间正是19世纪的后半世纪。这半个世纪,也正是国际电报线路迅猛发展的时期。欧洲各国和北美都建立起有许多支线的电报通信网。

其他各国也都在架设愈来愈多的电报线路,水底电报电缆正在把各州连接起来。电报行业很快形成一个独立的技术部门。为了适应这一技术部门的发展,各国都需要建立生产电报设备的企业并大量培养专业领域的技术人员。

同时,关于对电源和电线等性质的研究工作也开始进行,这就迫切需要制定出测电的方法,创造出电量、电单位和电标准等的体制。

在19世纪50年代末和60年代中期,电报技术有了明显的发展,并极大地影响了当时正在萌芽状态的电工技术。

1868年10月11日,爱迪生向有关部门递交了第一份"投票记录机"专利申请书，而专利特许证是在1869年6月1日发给他的，证号是90646号。

这种装置是"二重内闭塞计数机"。扭动其中一个机柄就出现"赞成"，扭动另一个机柄就出现"反对"。闭塞装置是为使进入投票室的选民只能投赞成票或投反对票而制造的。

当另一个进来的选民扭转其中一个机柄，闭塞装置的作用就又恢复了。这种机器分为两部分，其中每一部分都有计算机件：一个标志赞成的票数，另一个标志反对的票数。记数机是由电磁继电器和齿轮系统构成的。其中每一个机柄的转动都能把脉冲发送到电磁铁线圈里。于是相应部分的记数机就转动一度。

投票记录机的发明是一般人想不到的，在一切流程处于手动操纵的时代，谁又会想到利用机器来掌控这一切呢？是爱迪生，他的勤奋好动促成了他的发明。

质疑不能阻碍进步

为了验证这部机器的效果，爱迪生曾去过首都华盛顿。他在国会的试验，成绩确实很优异。

"真了不起。"

议员们都很佩服，爱迪生也感到很得意。但对于这部机器的可操作性，议长从议会政治的制度方面提出了质疑。爱迪生这才明白这个发明并不能满足社会需要，因而也就没有意义。尽管爱迪生的这项发明遭到质疑，但并未让他停止继续发明的脚步。

此后他发明的另一个机器，交易所行情的自动记录机，以"万能印刷机"的名称取得了专利权。申请书是1869年递交的，专利特许证是第123005号。

爱迪生研究行情自动记录机是在他协同弗兰克利翁·列奥纳尔德·波普建立一个以进行电报方面的发明和咨询工作为目的的

电报局时进行的。

交易所行情自动记录机是一种能自动记录的电报机件，它能自动地把通过电报拍来的行情打印到纸带上，然后立即把从交易所的行情转告从事交易的投资者和各银行。

爱迪生的交易所行情自动记录机要比在此之前就有的装置更为完善。爱迪生把这一发明以4万美元的价格卖给了西方联合公司。这一机器在美国交易所里被长期使用。

爱迪生在随后的一些年里又继续改进这一机器，例如，他在1872年至1873年间，就获得了与这一机器有关的63份专利特许证。虽然其中某些专利只是对机器个别零件做了改进，但都是有助于进一步扩大机器的实际用途。

出售这一发明所得的款项使爱迪生第一次有可能就他自己感兴趣的某些问题进行实验。

爱迪生说："好动与不满足是进步的第一必需品。"他还说过："任何问题都有解决的办法，无法可想的事是没有的。"当我们认为一个问题不可能解决时，真正的问题是我们自己，由于我们的经验和习惯性思维，才让我们无法想出高明的解决办法。青少年在培养自己的学习能力之外，也需要培养自己的动手能力，这样也能辅助学习能力的培养。增强自己的动手能力，你也会在动手动脑的过程中取得意外的收获，学到更多的知识。动手的过程也是积累知识和成长的过程。

第 5 章

生活需要分秒必争——惜时篇

时间是不可再生的，我们只有惜时如金，好好珍惜时间，才能在有限的时间里创造更多的效益。时间是由分秒累积而成的，用"分"计算时间的人，比用"时"来计算时间的人时间多 59 倍。所以，我们在生活和学习中都需要分秒必争，善于利用零星时间的人，才会做出更大的成绩来。

第一节　专注让时间高效运转

为什么同样都是有目标的人，有的人成功了，有的人却失败了？那是因为在为一件事做准备时，不但要制定明确的目标，更重要的是要始终专注这个目标，不能因为其他事情的出现而分散你的注意力。

专注是成功的起点

"电笔"是1876年爱迪生在门罗帕克的第一项发明。

爱迪生在研究自动电报机的时候想到了，要力求做到使接收端不用报务员，而传输来的脉冲可以用金属笔或金属尖画到特制的纸条上。爱迪生认为，要使拍发速度提高，就需要有一种特殊的纸，这种纸要能够以极快速度穿过该机件而不断。

经过2000多次实验爱迪生才制成了这种质量的纸，这是一种涂有特殊混合物的蜡纸。这一研究成果引发了对在各种日常生活和食品工业中广泛使用蜡纸或石蜡纸的研究。

"测微温湿计"是爱迪生在1878年的夏天，作为天文考察团成员的身份前往怀俄明州的前两天完成的。这种仪器的灵敏度很高。都柏林爱尔兰学院的教授乌·弗·巴列特给爱迪生写信说，他进行了实验以便查明测微温湿计的灵敏度。结果，测微温湿计检测到了在几英尺远的地方燃烧的雪茄烟。

如果把灵敏度很高的电流计接到测微温湿计的电路上，那么该仪器就可以测出距离8英尺远的人体温度，而瓦斯灯的火焰在距离100多英尺的地方就能测出。

爱迪生对声音信号和说话声的扩大很感兴趣，并发明了"气动扩音器"和"爱迪生扩音器"。气动扩音器是一种不破坏言语的清晰度而把声音放大的机器。

爱迪生预计，这个仪器将得到某些重要的应用。列车用这种仪器沿途能呼叫车站，轮船在公海里能够互相通话，灯塔能够告知危险。爱迪生是这样形象地描述气动扩音器的：在大城市里，一个仪器就能高声而又清楚地宣读《独立宣言》，所有的市民一个不漏地全部能听到。

"荧光镜"发明于1896年。因为射线只能穿过软组织，而穿不过骨头，因此射线只能用来对内部器官进行透视和摄影。爱迪生对这一问题的研究规模特别大：曾对近8000多种不同的化合物进行实验。当时可以设想到，这会需要很长的时间，但研究工作进行得井井有条，所以效率很高。

爱迪生从开始研究起总共没过几个星期就造出有钨酸钙荧光屏的荧光镜样品，并马上给胳膊被枪弹打伤了的人拍摄光照片，随后的外科手术就进行得很顺利。

1880年的一天，纽约先驱报社的社长戈登·贝内特曾访问过爱迪生，谈话中贝内特社长问道："爱迪生先生，人们说你是魔术师，那么，你能想办法使人飞上天吗？"

"我想我能做到，只是我太忙，抽不出时间研究而已。意大利的达·芬奇早在400多年前就想到，让人在天空飞行，甚至连设计图也画好了，我记得我少年时代曾在图书馆看到，就像鸟的翅膀，当然很简陋。"

"此后，就没有人研究吗？"

"俄国人罗蒙诺索夫研究过了，英国也有学者发表过飞行理论的论文。"

"真的吗？这些我一点儿都不知道。"

"我想在不久的将来，人就可以像鸟一样在天空中自由飞翔。"

当贝内特离开后，爱迪生便画出了一张设计图，样子很像今天的直升机。采用两片螺旋桨，借助引爆纤维火药发生的反动力，使之快速运动，然后腾空飞起。

飞机设计图交给机械工厂，飞机很快就做好了，并且在研究所广场实验。当装有带状纤维火药的金属喷出管被引爆时，突然间发生强烈的爆炸，破坏了整个机体，残片从爱迪生身边飞过，幸好未伤到他。

研究所的同事们力劝爱迪生终止这项研究，但爱迪生没有听从他们的劝告，继续研究，爱迪生成功地研制了火药推进装置。而今天我们使用的喷射机采用的就是爱迪生的这项发明原理。

有一天，爱迪生忽然大声笑着对朋友说："我所涉及的发明太多了，我好像已迷失在那众多的发明里。"

确实，在现代的重要发明里面，几乎可以说，没有一种是他没有参与的。不过，即使是大发明家，也不可能每一件事都成功。再说，爱迪生的做法是同时进行许多种发明。当他发现其中较重要的发明快要完成时，他就贯注全力到那件事上，而把其他的研究在中途搁置下来。

爱迪生被誉为"发明大王"，确实当之无愧，到1910年为止，他所获得的发明专利权就达到1328项，这是个惊人的数字。

也许有人会说，爱迪生有那么多的发明，甚至同一时期就有很多新的创造发明问世，怎么能说是"专注"呢？其实，他专注的正是"发明"本身，他在不断地发明对人类进步有意义的东西。

爱迪生说："成功者必须培养泰然心态，凡事专注，这才是成功的要点。"

人做事情一般都有5种状态：无心无意的状态，三心二意的状态，半心半意的状态，一心一意的状态，忘我的状态。当我们以一心一意的状态投入一件事情的时候，即使是一件枯燥的事情，也会觉得有滋有味，并能在一种愉快的状态下投入工作和学习。

第二节　守时是做人的基本涵养

爱迪生说："最大的浪费莫过于浪费时间了。"鲁迅也说："浪费自己的时间等于慢性自杀，浪费别人的时间无异于谋财害命的。"卡耐基说："如果你想结交朋友和有影响力的人，就要准时。"可见守时是待人处事的基本涵养。

守时是一种美德

德国哲学家康德是一个十分守时的人。他认为无论是对老朋友还是对陌生人，守时都是一种美德，代表着礼貌和信誉。

1779年，他想要去一个名叫珀芬的小镇拜访他的一位老朋友威廉先生。于是，他写了信给威廉，说自己将会在3月5日上午11点钟之前到达那里。威廉回信表示热烈的欢迎。

康德3月4日就到达了珀芬小镇，为了能够在约定的时间到达威廉先生那里，他第二天一早就租了一辆马车赶往威廉先生的家。威廉先生住在一个离小镇十几英里远的农场里。而小镇和农场之间隔着一条河。康德需要从桥上穿过去。但马车来到河边时，车夫停了下来，对车上的康德说："先生，对不起，我们过不了河了，桥坏了，再往前走很危险。"

康德只好从马车上下来，看看从中间断裂的桥，他知道确实不能走了。此时正是初春时节，河虽然不宽，但河水很深。康德看看时间，已经10点多了，他焦急地问："附近还有没有别的桥？"

车夫回答："有，先生。在上游的地方还有一座桥，离这里大概有6英里。"康德问："如果我们从那座桥上过去，以平常的速度多长时间能够到达农场？""最快也得40分钟。"车夫回答。这样康德先生就赶不上约好的时间了。

于是，他跑到附近的一座破旧的农舍旁边，对主人说："请问您这间房子肯不肯出售？"农妇听了他的话，很吃惊地说："我的房子又破又旧，而且地段也不好，你买这座房子干什么？""你不用管我有什么用，你只要告诉我你愿不愿意卖？""当然愿意，200法郎就可以。"

康德先生毫不犹豫地付了钱，对农妇说："如果您能够从房子上拆一些木头，在20分钟内修好这座桥，我就把房子还给你。"农妇再次感到吃惊，但还是把自己的儿子叫来，及时修好了那座桥。

马车终于平安地过了桥。10点50分的时候，康德准时来到了老朋友威廉的房门前。一直等候在门口的老朋友看到康德，大笑着说："亲爱的朋友，你还像原来一样准时啊。"

康德和老朋友度过了一段快乐的时光，但是他对为了准时过桥而买下房子、拆下木头修桥的过程却丝毫没有提及。后来，威廉先生还是从那位农妇那里知道了这件事，他专门写信给康德说：老朋友之间的约会大可不必如此煞费苦心，即使晚一些也是可以原谅的，更何况是遇到了意外呢？但是康德却坚持认为守时是必须的，不管是对老朋友还是陌生人。

守时是一种美德。懂得珍惜时间的人，不仅仅会注意不浪费自己的时间，也会时时注意不白白浪费别人的时间。管理好自己的时间，就是让自己无论在做什么事的时候都能够轻松应对，游刃有余。一个守时的人必将获得别人的尊重。

"守时"——看似简简单单的两个字又有多少人真正做到了呢？在

社会上，上班、开会、约会迟到的现象比比皆是；在学校里，上课迟到、开会迟到、搞活动迟到更是时时发生；在领导阶层，领导开会迟到几乎成了定律，面对如此严重的迟到现象，我们真的每个人都做到守时了吗？

一定要有时间观念

守时是纪律中最基本的一条，无论上班、下班、约会都必须准时，守时既是信用的礼节，公共关系的重点，也是优秀员工必备的良好习惯。

一些年轻人刚到公司的时候，工作上虽十分卖力，但经常的迟到早退却往往是纪律严明的公司所不能容忍的，因为他们认为守时是最基本也是最重要的品质之一。

假如和人约好了时间却未准时到达，那对方对你的印象不仅是大打折扣，而是立刻一落千丈。常常迟到、早退或是事先毫无告知便突然请假，这样既会让事情变得杂乱无章，又会妨碍其他员工的工作进度。这样的人无法被他人所信赖，更无法获得老板的信任。

鲁迅曾经说过："时间就是生命，无端的空耗别人的时间，其实无异于谋财害命。"是的，正是因为时间极其宝贵，所以守时更显得重要！如果每个人都守时了，开会迟到、搞活动迟到、上课迟到的现象还会存在吗？

第三节　管理时间的黄金法则

掌控好每天的24个小时，只是为了我们能先掌控好一天，再去掌控好其他的无数个24个小时，从而掌控好我们的人生。

珍惜时间，更要管理时间

爱迪生是一个十分珍惜时间的人，他一生中，每天绝大多数的时间是在工作，而不是社交和睡觉，甚至他到了老年的时候每天都工作16个小时以上。当然，这并不是要求我们每个青少年都不眠不休地的学习、工作，而是让我们像爱迪生一样好好珍惜时间。

那么如何才能管理好我们的时间呢？如何才能让时间实现它的最大价值呢？下面介绍一下管理时间的黄金法则给大家参考。

1.合理地安排时间。

人或许永远跑不过时间，但可以比原来跑快一点，甚至几步，这几步可能就会创造很多东西，甚至可以推动社会的进步，就可以让一个人在岁月的长河中留下光辉的一瞬。耳熟能详的一些名人，如居里夫人、巴尔扎克、雨果、鲁迅……他们都曾和时间赛跑，居里夫人连多余的椅子都不肯多摆，害怕来客会坐下来谈天说地耽误了时间，鲁迅一天必须完成规定的文字，巴尔扎克为了多写文章，拼命地的喝咖啡提神，雨果通过运动使本来枯萎的生命得到延长，又为人类写出了许多光辉的著作。

可见他们正是因为合理地安排时间，不把时间浪费在无谓的琐事上，才有了更多的时间从事自己的创作。

2.制订计划，科学地利用时间。

对于青少年来说，最重要的就是学习，那么我们就要制定学习计划，看看这些时间如何才能更有效地服务于我们的学习。

首先，每天学习时间应该确定。在一定的心态、身体阶段上，每个人的每天有效学习时间是确定的。如果你每天的学习时间大大超出你每天有效学习时间的极限，学习成果不但不会增加，反而会减少，你的身体就可能会受到伤害；如果你每天学习时间少于每天的有效学习时间，你进步的就慢了。所以，你要合理安排学习时间，使自己每天的学习时间接近或者达到你每天有效学习时间的极限，同时，尽量不要采用熬夜等方法延长每天的学习时间。

其次，每天学习的时间分配比例要确定。每人每天的有效学习时间是确定的，你要合理安排时间，用最少的时间获得最大的学习成果。每天不同课程、某一课程的不同部分的学习时间的分配比例可以这样确定：

◇根据考试分值的比例确定学习时间的分配比例。一般来说，试卷中分值越高的部分，你应该花更多的学习时间。例如，假设语文的字词句等"基础知识"部分在试卷中只有15%的分值，而你在平时却用50%的学习时间；作文占50%的分值，你在平时却只用15%的学习时间，这就是不科学的。

◇根据成绩提高的快慢确定学习时间的分配比例。就是说，某门课程哪一部分考试成绩提高得越快，这一部分的学习时间就要越多。例如，经过一段时间的学习，你语文的字词句等"基础知识"部分已经学习得差不多了，你再花十几个小时学习它们，考试时，也许只能多考两三分。但如果你把这十几个小时用于琢磨历年考题的作文题目，修改自己以前写过的文章，写一些新的文章等，作文分数可能会明显提高。

◇根据学习的好坏确定学习时间的分配比例。我们可以根据自己的具体情况查漏补缺，哪门课程学习得差，这门课程学习的时间要越多；哪门课程学习得越好，这门课程的学习时间要越少。某门课程哪部分学习差，这部分的学习时间就要越长；哪部分学习越好，这部分的学习时间就要越短。因为，补弱项比增强项更容易进步。

3.惜时如金，好好珍惜时间。

时间是不可再生的，我们是否有过因为自己漫不经心或杂乱无章地做事情，从而耽误了时间而捶胸顿足的经历呢？其实，我们抱怨自己为何白白浪费了那么多时间的时候，又一段时间已经从我们的面前悄然溜走了。漫不经心是意识问题、心态问题，而做起事来杂乱无章则是方法不对头。当我们面临一些未知的事情时，只要进行合理地时间管理，就不会总是手忙脚乱。

要使时间更有价值

我们在善于抓点点滴滴进行工作和学习的同时也必须分清工作的轻重缓急，重要性最高的工作我们应该优先处理，重要性不高的事情留待以后去处理。我们必须根据自己的核心价值，排定日常工作的优先顺序。"分清轻重缓急，设计优先顺序"是时间管理的精髓，成功者都是以分清主次的办法来统筹时间的，把时间用在最具有"生产力"的工作或任务上。

可以说，时间如同金钱，愈是懂得利用的人，愈能感觉到它的价值，珍惜时间就会得到财富，而浪费时间的人将收获甚微。

时间是最公平的，没人比你的多，也没人比你的少。只要你有计划、有目标，科学地规划你的时间，那么你就会在相同的时间内创造更多的价值。

第四节　安排时间的七个禁忌

有些人在安排时间的时候不知道如何区分轻重缓急，做事没有效率，这时了解安排时间的原则就显得十分重要。

迷惑：我的目标是什么

爱迪生是一个目的性很强的人，对于一项研究，如果他得不出他想要的答案就不会放弃。也就是说，当他专注地去做一件事情的时候，任何外在的因素都不能来浪费他的时间。有些人在安排时间的时候不知道如何区分轻重缓急，总觉得有好多事情要做，但是又不知道从何着手。下面总结了七点安排时间需要注意的问题，看看你是否存在这样的缺点。

从众：我"自己"要做什么？

毛毛虫有一种"从众"的习惯。法国科学家把若干条毛毛虫围成一圈，圈中央放一些食物。结果，毛毛虫一只跟着一只，绕着这个圈，一圈一圈地走，一连走了七天七夜，它们终因饥饿和筋疲力尽而死去。

人生倘若随大流，瞎忙空耗，没有明确的人生目标，那么终究免不了一事无成的命运。因此，目标是做事的原动力，也是成功的基石。

犹豫不决：我应该做什么。

华裔电脑名人王安博士说，影响他一生的事发生在他5岁的时候。一天，他外出玩耍，发现一只受伤的麻雀。他很想带回家，但怕母亲不允许。于是便先放下麻雀，跑回家哀求母亲。母亲同意了，王安兴奋地回去找麻雀，却发现一只猫在意犹未尽地舔嘴巴。

有时候机会稍纵即逝，容不得半点犹豫。有了目标之后，就要有行动，一步一步完成目标，否则一切都等于零。

精力分散：精神和体力超负荷。

尺有所短，寸有所长。你也许兴趣广泛，才高八斗，掌握多种技能，但所有技能中总是有你的特长项。例如，有些人善于与人打交道，有些人则更适于管理机器物品。因此，在设计自己的职业生涯时，千万要注意，选择最有利于发挥自己优势的职业，即择己所长。

消极拖延：可以等到明天。

我们常常认为事情可以等到明天，从而造成了消极拖延。消极拖延会消磨人的生活意志。更坏的是，拖延有时会造成悲惨的结局。

有一个故事发生在美国的独立战争时期。

曲仑登的司令雷尔叫人送信给恺撒，报告华盛顿已经率领军队渡过了特拉华河。但当信使把信送给恺撒时，恺撒正和朋友们在玩牌，于是他就把那封信放在自己的衣袋里，等牌玩完后再去阅读。读完信后，他才知道大事不妙。然而，等他去召集军队的时候，已经太晚了。最后全军被俘，连自己的性命也葬送在敌人手里。

不过区区数分钟的延迟，恺撒付出的代价是自己的荣誉、自由和生命。因此我们一定要有"立刻去做"的意识，杜绝拖延。

逃避：躲进幻想的世界。

传说五台山上有一种鸟叫"寒号鸟"。春天，当别的鸟都在准备过冬时，唯独寒号鸟不把过冬当一回事。当冬天的夜晚来临时，寒号鸟冻得直哆嗦："寒风冻死我，明天就垒窝……"等到太阳出来，温暖的阳光一照，寒号鸟就忘记了夜间的寒冷，不停地唱着："得过且过，得过且过！"最终，寒号鸟还是冻死在岩石缝里了。

"明日复明日"，"还有明天"，人们都在这样安慰自己，却不知这个"明天"就足以把自己带进坟墓。

打扰：时间不知不觉地溜走。

一般的管理者平均每8分钟被打扰一次，每小时大约7次，平均每次打扰的时间是5分钟，总共每天约4小时，也就是约50%的工作时间。而在这4小时中，80%的打扰是没有意义或极少有价值的。一个成功的时间管理者必须懂得避免一些不必要的应酬和打扰，使自己更专注于自身的工作。对于一些毫无意义的打扰，要懂得说"不"。

完美主义：还不够好

我们可以追求完美，但不要苛求自己过度追求完美只会导致空虚与挫折。

一位未婚的先生来到一家婚姻介绍所，进入大门后，迎面见到两扇门。一扇门上写着"美丽的"，另一扇门上写着"不太美丽的"。于是他推开"美丽的"大门，迎面又见到两扇门。一扇门上写着"年轻的"，另一扇门上写着"不太年轻的"。他推开"年轻的"门，迎面又见到两扇门。一扇门上写着"善良温柔的"，另一扇门上写着"不太善良温柔的"。他推开"善良温柔的"门，又见到两扇门。一扇门上写着"有钱的"，另一扇门上写着"不太有钱的"。他推开了"有钱的"门……就这样一路走下去，他先后推开过"美丽的"、"年轻的"、"善良温柔的"、"有钱的"、"忠诚的"、"勤劳的"、"文化程度高的"、"健康的"、"具有幽默感"的9道门。当他推开最后一道门时，只见门上写着一行字：你追求得过于完美了，这里已经没有再完美的了，请你到大街上找吧。原来他已经走到了婚姻介绍所的出口。

读了这个故事后，不要以为它只是讲婚姻，其实更是在讲一个人的追求。现实生活中，我们很多人都过分地追求完美，追求完美的人，追求完美的事，其实世上本来就没有完美无缺的人和事。

所谓"金无足赤，人无完人"，如果我们陷入完美的误区，将会错失良机，失去友情、爱情，失去快乐、幸福，失去自我。

第五节　劳逸结合让时间不再紧迫

爱迪生像是一个永远都精力旺盛、不知疲倦的人，很多人说他不懂得休息。其实他自己倒认为，自己只要有点时间睡觉就足够了，这也算是劳逸结合的一种。当然他也会抽时间去亲近大自然，或者到社会中去寻找灵感，这样才能发现那些有利于人们生活的发明和创造。

勤奋惜时的爱迪生

周围的人最担心的是爱迪生的健康，他已年过七旬，但睡眠时间仍只有4个小时。他一旦热衷于某件事，就一点不在乎通宵工作。第二天也从不补睡。爱迪生天天读书、思考、研究、实验，从不让头脑休息，就算特别疲倦，他也只在研究所内的长椅上躺一会儿，醒了立刻又开始工作。

爱迪生夫人常说："我最头痛的是，怎样才能把丈夫带到寝室去。"

爱迪生终于接受人们善意的劝告。规定每天工作16个小时，这是他75岁时候的事。顽固的爱迪生想必已考虑到自己的年龄和健康了。不过，年纪虽然大了，爱迪生对于发明的热忱一点没有减退。

被称为"美国汽车大王"的亨利·福特是爱迪生的好友之一。福特第一次遇见爱迪生是1896年的事。

这年的2月26日，爱迪生的父亲突然去世，享年92岁。爱迪生将父亲遗体运到休伦港埋葬在母亲的墓旁。回程途中因为有事而前往底特律，那时候福特是"底特律爱迪生照明公司"的总机械师，他心里想：只要能和这位伟大的发明家说一次话，也是好的。遗憾的是，因为爱迪生业务繁忙，两人尽管在同一城市，也没有机会相间。

福特终于如愿以偿。同年8月在纽约市东方大饭店，举行了一次有关电气技术的会议。会议完毕，晚餐开始，坐在爱迪生身旁的人对他说："爱迪生先生，这里有一位青年，他发明一种车子可以不用马拉。"

"这倒是很奇妙，我想见见他。"

于是福特和爱迪生就此结识，那时候福特才33岁，比爱迪生年轻16岁。

福特对这位发明界的前辈兴奋地说着解说自己发明的汽车，最后说："为了要使汽油在气缸中爆发，现在正在研究一种新的火星塞。"

"这是最重要的部分，相信你一定可以完成。电车需要发电设备，火车需要锅炉和煤炭。而你的汽车等于自备发电机，不需要锅炉、煤炭和蒸汽。这个构想很好，好好干吧！"爱迪生这么勉励他。

受到世界最伟大发明家的鼓励和夸奖，福特打从心底带着感激。回到底特律后，他将当天和爱迪生会见的情形反复对妻子说了好几遍。爱迪生和福特两人之间的友情最终世人皆知，那晚餐会上的见面不过是个开端。

爱迪生的晚年时光

爱迪生一生有许多发明，到了晚年，他开始研究橡胶。第一次世界大战过后，福特将底特律的福特汽车工厂扩充很多倍，并邀请爱迪生前往参观。那时候福特对爱迪生说："制造汽车的器材，全都可在美国国内生产，只有橡胶需要输入。今后汽车一天天增加，替代美国人双脚的日子就在眼前，可是制造轮胎的橡胶却非得从外国进口不可，这对美国确是一个大问题。"爱迪生始终没有把这席话忘记。

"用橡胶树以外的植物没有办法生产同性质的东西吗？橡树需要经过那么些年，才能采到橡胶，如果像杂草那样，每年都能采到同性质的东西，那就好办了。"爱迪生如此想着，首先将北美和南美的植物收集起来，依次采取树液进行研究。这次收集植物的种类多达14000种，其中含有橡胶的相当多，可是含量太小，不能作为工业用。

经过筛选，含橡胶较多的植物有600种，再行研究抽查，爱迪生发现可用的只有一种，这就是开黄花的多年生植物。这项研究结果的发表引起广泛的重视。

爱迪生做完这次橡胶研究已经是83岁高龄了。过了几年，除了植物性橡胶之外，又有"合成橡胶"的化学制品出现，从此从橡胶树中采集橡胶不再是获取橡胶的唯一途径。爱迪生的这项功绩受到世人极高的评价。

在竞争日益激烈的今天，"废寝忘食"逐渐不再提倡了。正所谓休息好才能工作好，休息好才能保持健康的身体和愉快的情绪，适当和恰当的休息能很好地缓解人体疲劳，保持旺盛的精力和清醒的头脑，从而工作才能提高效率，达到事半功倍的效果。

第六节 "请"走时间的"不速之客"

在我们安排时间时肯定有很多的不确定因素干扰或阻碍我们，这些时间的"不速之客"可能来自于外界，也可能来自我们自身。

不被负面因素干扰

有一天，爱迪生正在做实验的时候来了一位访客，这位来访者一定要爱迪生介绍一下不倦工作的"秘诀"。爱迪生觉得好笑，也不想让他耽误自己的时间，便顺口说了一句笑话，告诉那位来访者说："每天早上吃一只兔子或许能行。"那人信以为真，起身告辞，回去后果然照办。后果当然可想而知了。

也许爱迪生这种捉弄人的做法有些"不厚道"，但是面对类似这样的琐碎小事他实在不想耽误自己的时间。

我们在安排时间时要注意不被负面因素干扰，下面总结了几点，大家可以"有则改之，无则加勉"。

●拖拉

当你在面对一件事情的时候，尤其是棘手的事情，是不是一直在拖延呢？你考虑过拖延的后果吗？当你一再推迟自己整理文件的时间，于是在某天的早晨，一个客户来拜访你，你却发现自己需要在一大堆的文件资料中去翻找相关的文件；你一直想着上门去为上周打来电话的客户进行售后维修，但是你以太多事情需要处理为理由，没有付诸行动，当客户的投诉电话打到你经理办公室的时候，你才知道必须要马上去解决这件事情了……

●逃避

逃避是人性的弱点。当时间化为机会的时候，它往往如白驹过隙，无法捕捉，如果不能克服这一弱点，我们可能永远也把握不住机会，只有在别人成功时感叹："我本来也可以这样的。"弱者等待机会，强者创造机会。逃避的结果往往是自己以一些借口为由，不去做真正重要的事情，最终一事无成。

●小癖好

很多人在生活中对成功有着强烈的渴望，却被一些小小的障碍挡住了前进的步伐。这些就是看似不起眼的轻微癖好。这些行为通常被社会所接受，让你觉得不是什么坏习惯。

你有这些习惯吗？躺在沙发上，抱着大包的零食，如爆米花，喝着饮料，明明知道自己有事情要做，但是无法把自己从电视机前面拉走。你长时间坐在电脑前面被游戏吸引，或者在网站里闲逛，或者与陌生人闲聊，不停地到商店去购物，疯狂地做一些你认为很刺激的事情，而把自己应该做的最重要的事情往后拖。

它们看起来不会对你造成任何伤害，但是，在无意识中，已经让你无法解脱。它们悄悄偷走了你的时间、精力，麻痹了你的情感，干扰了你的社交。它们让你感觉你的生活充满无穷的快乐……当你沉迷其中，你的生活无法正常。

●琐碎小事

你今天终于要开始实施你新的计划了，你说："我要先看看我的邮件，我要先把杂物收拾收拾，这样才能安心开始计划的实施。"于是，时间在你做这些事情的时候悄悄从你手中溜走。当你发现的时候，只能徒留感叹了。

可见琐碎的小事也是时间的"不速之客"，它是偷走你的时间的敌人。怎样让自己的时间控制在做该做的事情上，而不被琐事缠住呢？

当你要做一件重要的事情的时候，让自己马上开始。

如果你很想做琐碎的事情，并且不能控制自己的时候，对自己说：

"我用一个小时的时间来做重要事情，一个小时之后我就可以做其他小事了！"

而当你投入精力做了一个小时重要的事情后，可能你已经很专注了，注意力也不会再被琐事所分散了。

远离疑惑，活在当下

很多人在面对生活的时候，总是感觉到自己的不满足，感到不舒服，但是产生这种感觉的原因却又找不出来。

一位智商一流、持有大学文凭的高才生决心做生意。有朋友建议他炒股票，他豪气冲天，但去办股东卡时，他犹豫道："炒股有风险啊，等等看。"

又有朋友建议他到夜校兼职讲课，他很有兴趣，但快到上课时，他又犹豫了："讲一堂课才20块钱，没有什么意思。"

他很有天分，却一直在犹豫中度过。两三年过去了，他却碌碌无为。

一天，这位"犹豫先生"回乡间探亲，路过一片苹果园，望见满园长势茁壮的苹果树，禁不住感叹道："上帝赐予了你一块多么肥沃的土地啊！"种树人一听，对他说："那你就来看看上帝怎样在这里耕耘吧。"

世界上有很多人光说不做，总在犹豫，有不少人只做不说，总在耕耘。成功与收获总是光顾那些有成功的方法并且付诸行动的人。

对未来的畅想是你寄托理想的一种手段，但不要过分担忧自己的未来，只要让自己每一天都感到生活的幸福和满足就够了。

第6章

失败和成功同样有价值——成败篇

失败和成功具有同样的价值。也许某一次的失败中就暗藏着转机,失败就是成功的试金石。

第一节　成功是由失败砌成的金字塔

在电灯实验中，有人曾经问爱迪生："你失败了1200次吗？"爱迪生回答："不，我成功了1200次，因为在这1200次中，我发现了1200种材料不能用来发光。"

爱迪生经营铁矿

1880年爱迪生为电车的发明开始做准备的时候，曾带了几位同事到长岛一带进行调查旅行。因为他听说这地方有很好的铁砂层，而铁则是一切工业的基础。

造船、建大楼，还有铁桥和机械等，铁的用途可说数不尽，随着文明的进步，铁的需求量也日益增多。

早些时候，爱迪生用的从山上挖出来的铁矿，都是铁矿公司用电磁选矿的方法开采出来的，他很想自己试试看。到了长岛，爱迪生吓了一跳，数十公里的海岸到处都是铁砂。

"这么多的铁砂，弃置不用未免太可惜！用磁力来分开砂和铁，可能得到几十万吨的铁呢。"

这么想的爱迪生立刻在海岸附近建起了实验工厂。可是开始工作没多久，有一天飓风突然来袭。风暴过去之后，爱迪生到海岸察看时不禁愣住了。原来波浪把所有的铁砂层都冲走了，海岸已不是先前的海岸。

爱迪生心灰意冷，回到研究所。

转眼又过了10年。

爱迪生发明电影摄影机之后，又开始了铁矿的经营。那时候，美国的铁能源不足已经十分显著。他首先派遣铁矿调查队到各地去进行调查，结果在新泽西州北部发现了一座很有希望的铁矿山。买进矿山的爱迪生不用其他矿山所用的选矿法，而大规模采用新的方法。

他在铁矿山的腹部开一个70米的横洞，装置炸药，一次就可爆出35000吨铁矿石，将这些铁矿石放入滚筒磨碎，使它通过磁石，就能获得含有将近百分之百的氧化铁上等矿石。磨碎铁矿的滚筒直径有2米，磨碎了的矿石粉通过180个磁石之间，这就是爱迪生的独特方法。

"爱迪生选矿机"完成之前，已试验过近50种机械，做了又改，改了又做，到最后完成，已经花费将近3年的岁月。

这期间，采矿公司的经营全部由副总裁负责。这位副总裁先从矿工住宅着手，将山中矿工住宅装了电灯和自来水，使成为设备完善的社区，远非一般矿山可比。

竞争对手的采矿公司说："怎么能说爱迪生对于采矿事业不是外行？在那样的地方，花费那么多的金钱，怎么能够经营？恐怕不等开始生产，公司就倒闭了。"

对这类闲言闲语，爱迪生始终无动于衷。没过多久，储存矿石的仓库建好了，新泽西铁路的支线延长到爱迪生矿山下，终点站就在"爱迪生站"。

爱迪生经营铁矿生意，谁也不知道这个决定是正确还是错误，甚至大多数人对这个决定持否定的态度。但是爱迪生一直坚定信念。也许对于爱迪生来说，发明本身是真正重要的，成败已经不重要了，纵然是失败，也不会打击爱迪生分毫，他还是会勇往直前地坚持下去。

失败没有阻止爱迪生成功的步伐

办完这些，采矿公司一直只有支出，还没有一美元的收入，公司的资金快要用尽，但爱迪生仍然坚持到底。他的长处是采用新的造矿法，比原来磁铁矿的售价低了许多。其他的钢铁公司当然会注意到这一点。

开始营业的第一天，钢铁公司就订购了一万吨铁砂，以后也不断地有订货。

炸药引爆，巨大的石头飞到空中，然后就将它送进货车内，转运到选矿场。纵使重达一两吨的矿石用滚筒也轻易地就磨碎了。磨成细粉的矿石经过干燥机，然后再送到磁力选矿机，铁和岩石即行分开。其他采矿公司利用那种旧式机械所生产的铁矿自然无法相比。

爱迪生的铁矿经营以1889年最好。每天所产矿砂可装20吨的货车75辆，送到炼铁厂。可是到了1890年，情况完全改变了。

明尼苏达州发现了很大的铁矿，品质也很优秀，价格因产量巨大而下跌将近一半。这样，像爱迪生公司这种品质较差的铁砂，在价格上就无法与之竞争了。

"真是遗憾！矿山只好封闭了。"

爱迪生断然终止了他的铁矿事业。虽然经过8年的努力和200万美元的投资，但终究敌不过经济情势的发展。

51岁的爱迪生不但耗尽全部财产，而且还负债累累，但他仍然没有因此失望。

"又学到了一门学问，而且对社会曾经有过贡献，没有什么好后悔的。至于债，用工作来偿还就好了。"爱迪生这样安慰那些失望的同事们。

"'魔术师'下山了，下次又会变什么花样？"

"爱迪生过了8年，打开魔法箱，里面是空的。"

当一些不怀好意的地方新闻撰写这种报道的时候，爱迪生已在着手准备别的事业了。

也许有人认为，爱迪生经营铁矿是不明智的、是失败的，但是正如爱迪生自己所说，这失败也曾给人们带来了益处。而且铁矿的失败没有打倒他，后来爱迪生的"水泥浇铸法"可以说是为世界人民谋了福利的。

就科学史而言，它既是一部成功史，也是一部失败史。当我们把科学作为动态过程来考察的时候，就会发现，其中不仅有丰富多彩的辉煌成果，而且包含着难以计数的失败和挫折。这后一部分是更深刻、更具有启发性的，同样也是丰富多彩的。成功就是由失败砌成的金字塔。

第二节　脚踏实地画出成功的圆圈

"九层之台，起于累土"，摩天大厦崛起于一砖一瓦，离开了脚踏实地的思考和努力，所有的目标都会失去根基，变成虚妄。

脚踏实地才能成功

也许每个人都羡慕爱迪生的成就，都想像他一样成为举世闻名的大人物。其实人有抱负是好事，只想"一鸣惊人"的想法却要不得。爱迪生也是一步一个脚印才走到如此高的位置。

生活中那些自命清高不屑从小事做起的人，永远都无法完成自己的原始积累。等到忽然有一天，他看见比自己起步晚的，比自己天资差的人都已经有了可观的收获时，才惊觉在自己这片园地上还是一无所有。这时他才明白，不是上天没有给他理想或志愿，而是他一心只等待丰收，可是却忘了播种。

人在现实生活中，由于某种欲望得不到满足，于是便通过一系列的幻想在心理上实现该欲望，从而为自己在虚无中寻求到某种心理上的平衡。空想使自己对所取得的一点成就沾沾自喜，忘乎所以。但是，天地如此广阔，世界如此美好，我们需要的不只是一对幻想的翅膀，更需要一双踏踏实实的脚。

其实，在世界的每个角落，我们都可以发现成功的影子。成功不全是大起大落的潮涌，有时就蕴藏在花影细流之中。一些零碎的时间、一个常被忽略的细节、一点不起眼的小钱、一种看似无用的坚持……可能就隐藏着成功。

时间的水滴汇成生命的长河，忘记今天的努力，未来将是一片荒漠，所以我们要充分地利用时间，因为零碎时间可以成就大的事业。极短的时间如果能毫不延迟充分加以利用，就能积少成多地供给你更多成功的机会。

成大事者与成不了大事者之间的距离并不像大多数人想象的那样，是一道巨大的鸿沟。两者通常只差别在一些小小的动作上，多努力一点，每天花5分钟阅读，多打一个电话，在适当时机的一个表示，表演上多费点心思，多做一些研究，在实验室中多试验一次。这样脚踏实地、不懈努力才能取得最终的成功。

成功是需要积累的

一次调查显示，在美国41万个百万富翁中，有78%的人年龄超过50岁，他们的财富都是通过连续二三十年每周7天做相对枯燥的工作而获得的。

许多人的一生也许从没有过轰轰烈烈和惊天动地的事情，他们有的只是波澜不惊和平平淡淡。对我们来说，不要一心只想着去干什么大事，而对那些真正需要你去做的小事不屑一顾。不要忘了，小事能体现一个人真正的品质和人生态度，正如一滴水能折射出太阳的光芒一样。小事之中往往孕育着转折的机遇，甚至是埋藏大事件的种子。

20世纪最初的几十年里，在太平洋两岸的美国和日本，有两个年轻人都在为自己的人生努力着。

日本人每月雷打不动地坚持把工资和奖金的1/3存入银行。美国人则躲在狭小的地下室里，把美国证券市场有史以来的记录搜集到一起，一头扎进了数字堆里，在那些杂乱无章的数据中寻找着规律性的东西。

这样的情况在两个年轻人的世界里各自延续了6年。在6年的时光里，日本人靠自己的勤俭积蓄了5万美元的存款，美国人集中研究了美国证券市场的走势与古老数学、几何学和星象学的关系。

6年后，日本人用自己节衣缩食积累财富的经历打动了一名银行家，从银行家那儿获得了100万美元的贷款，创立了麦当劳在日本的第一家分公司。他叫藤田田，一个靠从牙缝中挤钱，从而跻身亿万富豪行列的普通电器公司的员工。

同样是在6年后，美国人成立了自己的经纪公司，并发现了最重要的有关证券市场发展趋势的预测方法，他把这一方法命名为"控制时间因素"。在接下来的金融投资生涯中，他赚取了5亿美元的财富，成为华尔街上靠研究理论而白手起家的神话人物。他叫威廉·江恩。如今，他的理论被译成了十几种文字，成为世界各地金融领域从业人员必备的知识。

在现实世界里，每个年轻人都有梦想，都渴望成功，然而眼高手低、志大才疏往往是阻碍年轻人成功的最大障碍。在许多人的眼里，他们看到的只是成功人士的辉煌，却往往忽略了他们辉煌背后所付出的艰辛。事实上，人世间没有一蹴而就的成功，现实世界里的任何人只有通过不断努力，才能凝聚起改变自身命运的爆发力。

任何成功都离不开点滴积累，这是一条最原始也是最简单的真理。

纵观一些富人的成功之路可以发现，他们很多人都从小事做起，从小买卖做起，从小钱赚起。人生需要点滴的积累，青春也能在积累中走向成熟。所以，我们一定要注意在生活中的积累，不仅积累时间，积累财富，还要积累教训，积累经验，最终走向成功。

其实，成功并不难，只要你踏踏实实地做好每一件事情，成功就在你的不远处。为什么一些普通人能走上成功并致富的道路？原因就在于此。从现在开始，你要以此为起点，踏踏实实地走人生之路，仔仔细细地做好每一件事，向自己的梦想与目标进发。

第三节　屡败屡战就是一种成功

成功贵在坚持不懈，所谓英雄，并不比普通人更有运气，而是他们更有勇气，这种勇气就叫作"屡败屡战"。

屡败屡战是成功必备的勇气

美国影视巨星史泰龙的父亲是一个赌徒，母亲是一个酒鬼。父亲赌输了，又打老婆又打儿子，母亲喝醉了也拿史泰龙出气发泄。他在家庭暴力中长大，常常被打得鼻青脸肿，甚至是皮开肉绽。史泰龙的童年极其悲惨，高中辍学，便成了小混混。

直到他20岁的时候，一件偶然的事刺激了他，使他醒悟反思，他下定决心，要走一条活出个人样来的路。他想到了当演员——当演员不需要文凭，更不需要本钱，当一个合格的演员亦是他梦寐以求的事，他希望自己能成功。他为自己制定了口号："一定要成功。""一定要成功"的驱动力促使他认为，这是他今生今世唯一出头的机会，因此决不放弃，一定要成功！

于是，他来到好莱坞，找明星，找导演，找制片……找所有可能使他成为演员的人，他处处恳求："给我一次机会吧，我要当演员，我一定能成功！"

很显然，他一次又一次被拒绝了。但他并不气馁，他知道，失败定有原因。每被拒绝一次，就认真反省、检讨、学习一次。心中想着："一定要成功"，痴心不改，之后又继续找人……

在他遭到第1300多次拒绝后的一天，一个曾拒绝过他20多次的导演对他说："我不知道你能否演好，但我被你的热情所感动！我可以给你一次机会，就让你当男主角试试，先只拍一集，看看效果再说。"

为了这一刻，史泰龙已经做了3年多准备，终于可以一试身手了。机会来之不易，他不敢有丝毫懈怠，全身心投入。

功夫不负有心人，他主演的第一集电视剧就创下了当时全美最高收视纪录——史泰龙成功了！

爱迪生是一位伟大的发明家，他同时也以坚持不懈的品格而全球闻名，当他遇到失败时，他总是坚持继续。有几次甚至连验室都烧了，但他并没因此沮丧，抱怨命运不公，而是以失败为契机，开始新的实验。当有人与他谈及他在发明中的种种失败时，他坦然自若，勇往直前，继续研究。

导致失败的原因很多，最常见的就是遇到不如意就抽身或立马逃之天天。任何人在成功之前都会遇到许多的失意，甚至是多次的失败，就像爱迪生在完成一项发明之前总要做无数失败的实验一样。如果你放弃了，你就放弃了一个可能成功的机会，因为有的失败距离最轰轰烈烈的成功只有一步之遥。

即使失败也不要放弃尝试

心理学家曾经做过一个有点残忍的实验。将小白鼠放到一个有门的笼子里，笼子的底是金属的，然后，给笼子底通低电流，使小白鼠受到虽然不致命但是会引起相当痛楚的电击。如果将笼子门打开，小白鼠会立刻跑出笼子以逃避电击。但如果用一个玻璃板将笼子门堵住，那么小白鼠在遇到电击往外跑的时候，就会在玻璃板上撞一下，然后被挡回来。重复给笼子底通电，使小白鼠一次又一次地在企图逃跑的时候受到玻璃板的阻碍。

最终，小白鼠学会了屈服，它伏在笼子里，被动地忍受着电击的折磨，完全放弃了逃跑的企图。这时，即使笼子门上的玻璃板移走，而且让小白鼠的鼻子从门伸出笼外，它也不会主动逃出笼子，而是放弃所有努力，绝望而被动地忍受着痛苦。小白鼠的这种状态，在心理学上被称为"习得性无助"。

习得性无助是描述动物——包括人在内，在愿望多次受到挫折以后，表现出来的绝望和放弃的态度。这时的基本心理过程是退缩和放弃，对人来说，还有自我怀疑、自我否定和自我设限等，使人变得悲观绝望、听天由命，听任外界的摆布，任自己的命运随着外力的强弱而波动起伏。

有人可能认为，人和小白鼠不一样，人如果看到有获救的希望，不会连试都不肯试一试。这个结论在类似刚才那个实验的情况下大概是成立的，但是换一种情况，很多人的表现却和小白鼠有惊人的相似。当我们说"理想已经被现实磨平了"的时候，当我们说"现实带给我的是一次次打击，我终于放弃"的时候，我们的表现就是"习得性无助"。

人成长的过程中，如果在某一方面总是受到其他人的批评或负面评价，他倾向于渐渐形成一种观念，认为自己在这方面真的不行，从而放弃努力。同样，人在做一件事的时候，如果一次又一次地失败，他也会倾向于放弃再试一次的努力，认为自己无论如何也做不好这件事。就像那只小白鼠——玻璃板其实不是挡在笼子门口，而是挡在它的心里。

但是，人终究是人，是有智慧的生物，在我们的历史上，的确有很多这样的人，他们决不轻言放弃，决不会被挫折击倒。失败对他们而言是学习和吸取教训的机会，是下一次努力的台阶。这样的人克服了内心的恐惧和障碍，从而具备了顽强的意志和高远的智慧。他们不是"屡战屡败"的愚人，而是"屡败屡战"的斗士。

第四节　摔得越狠弹得越高

所谓"摔得越狠弹得越高"，每个人在一生中都有一门重要的学问要学，那就是怎样去面对"失败"。可以说，对失败处理得好坏往往就决定了一生的命运。要记住这句话："面对人生逆境或困境时所持的态度，远比任何事都来得重要。"

经受住失败，激发生命的张力

爱迪生的1000多项发明当然不是顺顺利利、一蹴而就的，期间他不知道经历了多少次的失败，走了多少的弯路。但是当他经历一次次的失败和不顺，事业现状和精神经历跌到谷底的时候，他最终没有放弃，这才有了一个又一个奇迹。

有些人在经历了一些挫折失败后便开始消沉，认为不管做什么事都不会成功。这种消极的信念蔓延开来，让他觉得无力、无望，甚至是无用。如果你要想成功，要想追求所期望的美梦，就千万不要有这样的想法，因为那会扼杀你的潜能，毁掉你的希望。

像这样具有摧毁性的心态在心理学上叫"无用意识"，这是指一个人在某方面失败的次数太多，便自暴自弃地认为自己是个无用的人，从此便停止任何尝试。

其实，人生之光荣，不在于永不失败，而在于能屡战屡败。对每次跌倒能立刻站起来，每次坠地反像皮球一样跳得更高的人，是无所谓失败的。人生是一条没有尽头的路，不要留恋逝去的梦，而要把命运掌握在自己手中，这样，在艰难前行的人生旅途中，就会充满希望和成功。

要乐观面对挫折和失败

有时候，成功的秘密并不深奥，对于每个人来说，其实就是简简单单的一句话：鼓起你的勇气，乐观面对每一天。

美国从事个性分析的专家罗伯特有一次在办公室接待了一个流浪者。

那人进门打招呼说："我来这儿是想见见这本书的作者。"说着，他从口袋中拿出一本名为《自信心》的书，那是罗伯特许多年前写的。

流浪者说："一定是命运之神在昨天下午把这本书放入我的口袋中的，因为我当时决定跳到密西根湖，了此残生。我已经看破一切，认为一切已经没有希望，所有的人都抛弃了我。但还好，我看到了这本书，它使我产生了新的看法。这本书为我带来了勇气和希望，并支持我度过昨天晚上。我已下定决心，只要我能见到这本书的作者，他就一定能帮助我再度站起来。现在，我来了，我想知道你能替我这样的人做些什么。"

在他说话的时候，罗伯特从头到脚打量流浪者，发现他茫然的眼神、满面的皱纹、纷乱的胡须以及沮丧的神态，这些向罗伯特显示，他已经无可救药了，但罗伯特不忍心对他这样说。罗伯特请他坐下来，要他把自己的故事完完整整地说出来。

原来，流浪汉是因开办的企业倒闭，负债累累，离开妻女到处流浪，因而悲观绝望。

听完流浪汉的故事，罗伯特想了想，说："虽然我没有办法帮助你，但如果你愿意的话，我可以介绍你去见本大楼的一个人，他可以帮助你赚回你所损失的钱，并且协助你东山再起。"罗伯特刚说完，流浪汉立刻跳了起来，抓住罗伯特的手，说："看在老天爷的分上，请带我去见这个人。"

流浪汉提出这个请求，表明他心中仍然存在着一丝希望。罗伯特拉着他的手，带着他来到从事个性分析的心理试验室里，和他一起站在一块看起来像是挂在门口的窗帘布之前。罗伯特把窗帘布拉开，露出一面高大的镜子，他可以从镜子里看到自己的全身。

罗伯特指着镜子说："就是这个人。在这个世界上，只有一个人能够使你东山再起，只要你坐下来，彻底认识这个人。你要当作你从前并未认识他，否则，你只能跳进密西根湖里，因为在你对这个人作充分的认识之前，对于你自己或这个世界来说，你都将是一个没有任何价值的废物。"

流浪汉朝着镜子走了几步，用手摸摸他长满胡须的脸孔，对着镜子里的人从头到脚打量了几分钟，然后后退几步，低下头，开始哭泣起来。过了一会儿，罗伯特领他走出电梯间，送他离去。

几天后，罗伯特在街上碰到了这个人。他已经不再是一个流浪汉的形象——他西装革履，步伐轻快有力，头抬得高高的，原来那种衰老、不安、紧张的姿态已经消失不见。他说，他感谢罗伯特先生，让他找回了自己，并很快找到了工作。

后来，那个人真的东山再起，成为芝加哥一位有名的富翁。

如今，在很多的成功训练课里，都有这样一个"照镜子"的课程。每位失败的朋友和追求成功的朋友进去"照一照"，定会与你以往出门前"照镜子"的效果大不一样。

当一个人相信困难会永远长存时，那就有如在他的神经系统中注入了致命的毒药，你别指望他会拿出任何力求改变的行动。不管人生中遇到怎么不顺的事，你都一定要记住："这件事迟早是会过去的。"只要你能坚持下去，终会有守得云开见月明的一刻。

人生中的赢家与输家、乐观者与悲观者的一个差别在于是否相信困难的"无所不在"，乐观的人从不相信人生处处都是困难，因而不会因为一个困难便把自己束缚住，反而会把困难视为是一种挑战。

第五节　所有的失败中都可能藏着转机

要知道人生中出现的失败很多时候就是因为我们不会利用机遇，不知道机遇会让我们一举成名，不知道机遇能改变我们的一生。

机遇也许就隐藏在失意之中

1869年，爱迪生到纽约寻找工作却处处碰壁。当他在一家经纪人办公室等候召见时，一台电报机坏了。爱迪生是那里唯一一个能修好电报机的人，于是他谋得了一个比他预期的更好的工作。后来他与波普一起成立一个"波普——爱迪生公司"，专门经营电气工程的科学仪器。在这里，他发明了"爱迪生普用印刷机"。他把这台印刷机卖给华尔街一家大公司的经理，本想索价5000美元，但又缺乏勇气说出口来。于是他让经理给个价钱，而经理给了40000美元。

人生的得失常常就在于机遇的得失，有了一个机遇，抓住它、利用它，你的命运就会因此而发生改变。相反，忽略它、远离它，那么就可能一生都陷在平庸之中。要知道，在人生的体验中，并不是所有骁勇善战的将帅都能稳操胜券、百战不殆，也不是所有技高一筹的运动员都能夺魁挂冠，获取金牌，更不是所有踏实生活的人都能幸运如意，一帆风顺。

成功离不开机遇。可惜的是，并不是所有的人都明白这个道理，并不是所有的人都相信机遇能改变自己的一生，能够让自己有所成就。于是他们在机遇降临的时候，不仅无法认识哪个是机遇，更不会谈到利用机遇来改变自己命运了。

机遇潜藏在我们每个人的身边，它可能是你在走路时突然发现的某种事物，也可能是做某件事顿悟的灵感，机遇无处不在，无时不在。

柏拉图被世人誉为"一代宗师"和"千古哲人"，然而，柏拉图最早的兴趣和选择曾是诗歌与戏剧。20岁那年，他结识了苏格拉底，开始真正倾心于苏格拉底的哲学思考。他抓住了这一重要契机，在人生道路上迈出了转向哲学的决定性的一步。当富有哲学魅力而备受尊敬的苏格拉底被审判和处死后，柏拉图却沿着先师的脚印最终走向了哲学的王国。

沿袭苏格拉底是柏拉图人生的机遇，由此他选择了自己应该走的人生之路，他走对了，所以他成功了。

无数次的失败中也许藏着一线曙光

风靡全球的《福尔摩斯探案集》的作者亚瑟·柯南道尔，原先是一个普通的英国医生。1886年他开始写小说，但书稿屡次被出版社退回来。他并不灰心，又用几个星期时间，完成了一部以福尔摩斯为主角的侦探小说，并满怀希望又寄给出版社。小说几经周折，最后被一个无名气的出版商刊登在一种廉价的圣诞节年刊上，附在图书里赠送给读者，这对柯南道尔是个莫大的侮辱和打击。以后3年里，他不再写作而致力行医。

谁知1889年，有一家美国杂志突然特约柯南道尔写第二部福尔摩斯故事，并决定付给他一笔巨额稿酬。而对这突如其来的机遇，柯南道尔格外用心构思。1890年，他的小说《四签名》在美国《利比思考脱杂志》发表，同年又在英国伦敦印发。福尔摩斯从此扬名，后来柯南道尔被称为"现代侦探小说之父"。

如果不是美国杂志有如此眼光，我们也许看不到今天这么精彩的福尔摩斯故事了，美国杂志的这种眼光对柯南道尔无疑是个天大的机遇，柯南道尔也适时抓住了，所以他成功了。

机遇是公平的，它存在，并无处不在。抓住它们才能取得成功，否则，你将一事无成、碌碌无为。

第六节　学会从失败中吸取教训

生活中无论做什么事情，都不会毫无枝节地达成人的心愿，在行进的过程中，都会遇到这样或那样的阻碍。问题的关键是，我们是否能从遇到的问题中总结经验，吸取教训，并将经验、教训变成走下去的阶梯，从而东山再起。

不要重复失败，学会吸取教训

爱迪生是一个善于从失败中吸取经验和教训的人，他从来不做与上一次相同的实验，因为他绝不会一次次重复失败，他要从上一次的失败中吸取教训，然后发现走向成功的新路。不会从失败中吸取教训的人就像一只掰棒子的黑熊，到头来，只能落得一场空。

在经济危机浪潮的冲击下，有白领朋友诉苦"我又失业了"。也有做生意的朋友抱怨"生意赔了，这世道什么都不好干"。

是啊，被解雇、生意亏本是多么敏感而又让人无奈的事啊，可这些问题又时常光顾我们，让人措手不及，在前进的路上元气大伤。

在深圳工作的小李平时拿着高工资，生活安稳舒适。可金融危机浪潮涌来时，他首当其冲下岗了。一夜之间失去工作，当然也失去了稳定的收入，小李很是郁闷。幸运的是，在这个时候，国家出台了一系列补助政策，他贷款在街道旁边开了一个办公用品商店，主要经销纸品。

深圳是个多雨的城市，每到雨季来临，许多店里都会进水，很多商品也会遭到雨水的浸泡。小李不知道这个情况，开业第一年，又赶上几年不遇的一次大雨，店里的纸品便遭到雨水的浸泡，赔了不少钱。

真是屋漏偏遭连阴雨。受到这样一连串的打击，每个人心里都会不舒服，很无奈。相信每个朋友都经历过这样的事情，倒霉的事情总是赶在一起"惠顾"我们，如果在这个时候被失败打垮了，那将是多么遗憾的事情啊！

几天后，小李像别的老板一样卖了店面。当大家都以为他因为赔得血本无归而退出时，他却在同一条街的最高位置重新开业了，经营的仍然是纸品。那些转行的老板都笑他太傻，说在这个地方跌倒后不知道变通，还去经营纸品，真是顽固不化。

当第二次雨季来临时，人们发现，这条街其他的办公用品店都遭到了水灾，而小李的店里却安然无恙，并且遭到雨水冲击之后他店里的销售额一下翻了好几倍，很快将以前的损失赚了回来。

这个时候，相信聪明的读者已经看出了小李的智慧——从失败中吸取教训。当货物被雨水浸泡后，首先应该想到的不是倒闭，不是转行，而是应该在心里多问自己，为什么会出现这样的情况，这个问题难道不能解决吗？就像小李一样，他没有沉浸在损失的痛苦之中，而是去想解决问题的办法，去寻找这条街最高的位置再开店，这样就可以避免货物再次被雨水浸泡。

小李还私下里对朋友说："店面遭水淹之后，我就分析，遭受损失的几家店基本都得退场，因为那里的客观环境不具备开纸店的条件，如果人无我再有，该是什么利润空间，这个店我是开定了。"

小李能看到客观环境对自己的不利，又能把握同行在遭受损失后的普遍心理，他重整旗鼓再上路，赚回损失，就是理所当然的了。

在生活中，无论做什么事情，都会遇到这样或那样的阻碍。关键是，我们能否总结经验，吸取教训。能从失败中吸取经验的人，困难都将是他成功的助推力，只会让他离自己的目标越来越近。反之，困难就是他前进的阻力。

失败也是人生中重要的一堂课

　　小孙很想自己创业，他从单位跳出来先与别人合伙开了一家公司，而当他招兵买马准备闯出一番天地时，公司却很快因经营不善倒闭了。他不甘心就这样放弃，自己又投入少量的资金办了一家广告公司，同样，没干多久广告公司也倒闭了。

　　这时，他才想到应该停下来分析一下原因。他发现，自己经营的公司倒闭，最重要的一点就是没控制好经费，资金跟不上，他又没把有限的钱用在刀刃上。第一个问题，就是考虑不足。他错误地认为业务员越多，业务量就越大，工资的沉重负担加快了公司的倒闭速度。还有一个原因，就是轻信客户，从而上当受骗，干了活收不回钱。小孙能认识到这些，不能不说是一种很大的进步。

　　因为他善于分析过往的利弊得失，不是只看到自己失败这个结果，还能分析出自己失败的深层次原因，从失败中吸取教训，并以此提高自己的能力，这样会使他更加理智、踏实、坚定。

　　后来，小孙将那些经历整理出来，一一分析，并通过网络和周围的朋友咨询解决问题的办法。通过系统地进行分析，他突然发现，如果当时有个人能指点一下自己，他也不会输得那么惨。

　　于是他一边成立一家新公司开始再次创业，一边开了一个网站，将自己从创业失败中得来的教训与大家分享，还及时将现在公司发展中遇到的问题说出来，听取大家的意见。很快，他的公司走上了赢利的发展道路，网站人气也越来越高，还给他带来了丰厚的回报。

现实生活中，当我们在工作中遇到一时解决不了的困难，当我们处在失败的低谷一时找不到突破口时，会不会灰心丧气，信心全无呢？其实，与其在失败的痛苦中唉声叹气，不如像小孙一样，培养自己从失败中吸取教训的能力，完善自我，以早日达到成功的彼岸。这是一个人生存必备的本领，也是一个人最终走向成功的关键。

在日常生活中，年轻人面对困难时很容易灰心，或沉浸在失败的痛苦中不能自拔。而事实却是，如果小李不去寻找那条街最高的位置，小孙不从失败中总结经验教训，他们哪里会有后来的美好结局呢？

"失败是成功之母"，不应当只是我们摆在书桌上的座右铭，更要学会将它变成自己跌倒再爬起来的行动指南。每个想成功的人，都是善于从失败中吸取教训的人，将失败踩在脚下，抬起头向前走，这才是有志青年的智慧之举。

第七节　失败是成功的试金石

失败是一块试金石，是人生以及成长中不可缺少的元素，它会使我们的生活更加精彩。有的真正让我们感到愤怒的并不是外界给我们的疼痛，而是我们对疼痛的反应。同样，真正让我们停止进步的不是失败，而是我们对失败的反应。

因为疼痛，所以勇敢

大家知道，爱迪生有上千种发明就证明了他有上千次成功，但同时也说明他在这成功之前更是经历了上万次的失败。失败是什么？失败是成功的试金石，没有失败，就没有那么快成功。有些害怕遭遇失败的人往往这样认为，失败是一种负担，让人有着极大的压力。而勇于迎接失败的人则认为，失败是一块试金石，跨过它就离成功更近一步，它会使我们的生活更加精彩。不能经受失败的人，也不会有什么大的作为。

成功是我们每个人的目标，但是事实上，没有永远的成功。那么，既然失败是人们无法避免的，为什么有人能够把失败转化为成功，有人却会被失败打倒呢？

你们有没有注意过一个现象——小孩子学走路的时候，无论摔得多么疼，爬起来还要走。在孩子看来，疼痛是必然的，他没想过这是一种对摔跤的惩罚，也没觉得走路摔跤了下次就可以不摔，这叫不知者无畏。

为什么人一长大，就没法再像孩子那么快乐？因为我们害怕失败给我们带来的他人的反应。比如在大庭广众之下，小孩看到一个滑板，他想玩儿，他就冲上去滑，不管会不会。但成人就不一样了，他们害怕别人笑话，不仅是笑话摔倒，也笑话自己滑得不专业。

我们常常被教导说"失败是成功之母"。也就是说，要想品尝成功的甘甜，先要经历失败的痛楚。

失败是成功之母

在面对失败的时候，我们要学习的第一个榜样就是小孩子，像小孩子那样爱上失败，对失败充满热情。为了成功，我们就应该从心底接受"失败是成功之母"的训诫。要获得成功，就必须有"拥抱失败"这样一种心态。

遍布世界的迪士尼乐园以及迪士尼系列的卡通片、漫画书，不仅是孩子们的最爱，就连成人也有不少为之痴迷。而迪士尼王国的创始人沃尔特·迪士尼，当初却曾遭受过失败的一次又一次打击。

沃尔特·迪士尼年轻时想当一名艺术家，于是就到当地的《明星报社》去应聘。然而，报社主编说迪士尼的作品"没有思想"，拒绝了他。这令迪士尼万分沮丧，心灰意冷。此时，因为身上已经没有钱了，他不得不流落街头。

不久，迪士尼临时找到一个替学校作画的工作，报酬少得可怜，仅够勉强度日。迪士尼借用单位的废弃车库作办公室，辛勤地工作着。在艰难的生活中，迪士尼没有消沉，依然不忘自己的梦想，把空余时间全都用在了绘画上。

后来，迪士尼去好莱坞摄制一部卡通片，然而等待他的依然是失败。他又一次变得一无所有——既没金钱，也没工作。但这一切的穷困潦倒并没有使他气馁，也没有浇灭他的希望，他仍然坚持着自己的创作。

再后来，迪士尼画了一幅米老鼠的卡通画，鼓起勇气拿给好莱坞的一位导演看。导演看后大为惊奇，就录用了他。从此，米老鼠成为世界上家喻户晓的卡通动物，迪士尼也由此开始了自己的辉煌之路。

"不经历风雨，怎能见彩虹，没有人能随随便便成功"。正如这句歌词所唱，不经历挫折是不会获得成功的，而风雨过后的彩虹才是最美丽的。失败并不可怕，因为它会帮助我们成长。战胜一次挫折，就会进步一分。所以说，挫折和失败是我们成功路上的垫脚石，只有那些勇敢面对挫折，并以必胜信念去战胜失败的人，才是真正的强者。

面对失败的挑战，不要低头，不要犹豫，因为成功是无数失败的积累，失败是成功的奠基石。弱者的可怕在于失败后的沉沦，强者的可敬在于失败后的奋起。也许在山重水复疑无路的时刻，恰会迎来柳暗花明又一村的契机。

正如事物都有双面性一样，挫折对人们具有消极的一面，也必然有其积极的一面，这就是为我们提供经验、教训，并锤炼我们的意志。我们要学会在挫折中反思，在逆境中奋进。

我们在不断地成长，也在挫折中不断地学习到很多东西。古罗马政治家、哲学家塞涅卡说过这样一句话，很能激励人：真正的人生，只有在经历过艰苦卓绝的斗争后才能获得。一位名人也曾说："无论发生什么事，生活仍将继续。"因此，无论遭遇过什么不幸，我们都应保持旺盛的热情。热情是进取的原动力，是心境的营养品。只要我们的热情之火始终燃烧，让自己始终处于一种兴致勃勃的状态，就会一直拥有生活中瑰丽的亮色。

第 7 章

享受战胜苦难的愉悦——斗争篇

　　自古人生多磨难，"苦辣酸甜"苦为先。人生路上我们不可避免地会遇到一些挫折和磕磕绊绊，也许我们的一生就是为了要克服这些痛苦，与磨难做斗争。这样的一条道路看似艰辛，实则多了很多色彩和欢乐。试想一下，一个庸庸碌碌、平平淡淡过完一生的人怎么会体验到战胜困难后的愉悦呢？这就是所说的"没有苦中苦，哪得甜上甜"。

第一节　再苦也要笑一笑

生活就像一面镜子，如果你用苦脸迎接命运的挑战，那么你看到的必然是苦的"镜像"，相反，你笑一笑，生活也会向你绽开笑颜。

学习爱迪生"以苦为乐"的心态

爱迪生在1877年开始了改革弧光灯的试验，提出了要搞分电流，变弧光灯为白光灯。这项试验如果要达到满意的程度必须找到一种能燃烧到白热的物质做灯丝，这种灯丝要经住热度在2000度、1000小时以上的燃烧；同时用法要简单，能经受日常使用的击碰，价格要低廉；还要保持每个灯的相对独立性，使一个灯的明和灭不影响另外任何一个灯的明和灭。这在当时是极大胆的设想，需要下极大的工夫去探索，去试验。

为了选出这种做灯丝用的物质，爱迪生先是用炭化物质做试验，失败后又以金属铂与铱高熔点合金做灯丝试验，还做过上质矿石和矿苗等上千次试验，结果都失败了。但是他没有气馁，他总是笑着说"一定会成功的"！

就是爱迪生这种"以苦为乐"的心态使他不知疲惫的向上进取。

多吃点苦，我们才能在面对困难时充满勇气。别害怕挑战与难题，因为难题越多，我们越能找出解决方法；更别担心困境，只要我们有突破困境的信心，再险恶的境地我们都能安然度过。

战胜苦楚才能迎来成功的欢笑

美国著名的残疾运动员麦吉的不幸一个接着一个，在苦涩的生活面前，他却凭着惊人的意志力，赢得了一个个的荣耀，用笑容来抵制磨难。

麦吉从著名的耶鲁大学戏剧学院毕业时只有22岁，当时他风华正茂，意气风发，正是一展才华的大好时机。然而命运却与他开了一个不大不小的玩笑。那年10月的一天晚上，一辆18吨重的车从第五大道第34街驶出来时把他撞晕在地，当他醒来时发现自己身在加护病房，左小腿已经切去。

年轻的麦吉没有放弃希望，出院后，麦吉开始练习跑步，拉开了其后8年把自己锻炼成全世界最优秀的独腿田径运动员的序幕。麦吉为自己的理想而不懈地努力着，不久他便去参加10公里赛跑，并把参加这种赛事作为自己的锻炼机会。随后他又参加纽约马拉松赛和波士顿马拉松赛，成绩打破了伤残人士组记录，他终于成为全世界跑得最快的独腿长跑运动员。

面对优异的成绩，麦吉笑了，这是一个莫大的荣耀，但是他并没有就此停步，他开始进军三项全能。那是一项对健全人都极其艰难的运动，这对只有一条腿的麦吉来说，无疑更是一个巨大的挑战。

正当麦吉踌躇满志时，不幸又一次降临。1993年6月的一天下午，麦吉在南加州的三项全能运动比赛中骑着自行车以时速56公里疾驰，带领一大群选手穿过米申别荷镇，群众夹道欢呼。突然，麦吉听到群众的尖叫声。他警觉地扭过头，只见一辆黑色小货车朝他直冲过来。麦吉怎么也想不明白，比赛场地周围马路已几乎全部封锁，几个并未封锁的一字路口也有警察把守，这辆小货车是如何闯进来的。

　　然而根本不容他反应过来，这辆车已经如闪电般直冲过来，麦吉的身体随之飞越马路，一头撞在电灯柱上，颈椎"啪"的一声折断。麦吉接受紧急脊椎手术后醒来时，发现自己躺在重伤病房，一动也不能动。麦吉四肢瘫痪了，那时他才30岁。

　　这一次，麦吉周围的护士个个都流泪了，她们为麦吉难过，因为此时命运已经不只是在开玩笑了，简直是欲置之死地而后快。麦吉的四肢都因颈椎折断而失去功能，但仍保存少量神经活动，使他能稍微动一动——手臂能抬起一点点，坐在轮椅上身体可以前倾，双手能做一些简单动作，双腿有时能抬起二、三厘米。

　　当别人为麦吉的遭遇垂泪时，麦吉却笑了，因为他知道，他的四肢尚有感觉，这意味着他有了独立生活的可能，无须24小时受人照顾。经过艰苦锻炼，麦吉渐渐进步到能自己洗澡、穿衣服、吃饭，甚至开经过特别改装的车子。当医生对此表示惊奇时，麦吉则笑着说："这不过是幸运罢了。"

　　麦吉很喜欢爱默生曾经说过的一句话："伟大而高贵的人物，最明显的标志就是他坚定的意志。不管境况变化到何种地步，他的初衷与希望，仍不会有丝毫的改变，从而终将克服障碍，达到所企望的目标。"

　　麦吉微笑着对自己说："你是过来人，知道该怎样做。你要拼命锻炼，不怕苦，不气馁，一定要离开这鬼地方。"其后几个月，麦吉再度变得斗志昂扬，康复速度之快，出乎所有人预料。仅仅6个月，他便重返社会，再开始独立生活，又大约6个月之后，他在一次三项全能运动员大会上，以《坚忍不拔和人类精神力量》为题，发表了一篇激动人心的演说，事后人人都围着他，称赞他勇敢。"麦吉真行！"大家异口同声地说。

　　命运再苦，麦吉总不忘记对自己笑一笑，告诉自己：我要忍耐此时的痛苦，我要坚持下去，幸福就在不远的前方。然而，事实并不像他想象的那样美好，他的手臂永远不可能再抬到高过头顶，而且他永远不能再走路了。

这时候麦吉几乎绝望了。"我才33岁，不想离开这个世界，"麦吉想，"当然我也不想四肢瘫痪，但既然无法改变这个事实，只能学会好好活下去。"此时，他虽然不知道下一步该怎样做，但有一点很清楚，要是继续沉沦，他的一生不久就会结束。于是，他试着把自己现在的一张苦脸换成以前从容的笑容，慢慢地，那股韧劲又出现了，他想："也许我的遭遇并非坏事，而是上天给我的美妙赏赐，令我有机会真正了解自己。"

从此，他彻底改变了。无法从事体育事业的他，转向学术研究。后来麦吉住在新墨西哥州圣菲市，他撰写了一篇论文，主题是"神话史上的伤残男性"。他还在加州圣芭芭拉市帕西非卡克研究所攻读神学博士学位。

命运永远不会让坚韧的人臣服。"自助者天助之"。当我们无法选择命运时，不如去接受它，并且学会改变，也许能收获甜蜜的人生之果。

其实，没有经历过挫折与困难，又怎么能知道成功的滋味有多甜美？只要我们多忍耐一下，迈出自信的步伐，完成最后关键的这一步，我们就一定能轻松地站立在成功的殿堂里，享受甜美的成功滋味。

第二节　乌云顶上是晴空

风雨过后是彩虹，冬天过去春自来。只要能坦然地面对生活，面对挫折，那么苦难也会助你成功，乌云满天也会变得晴空万里。

风雨过后是彩虹，冬天过去春自来

爱迪生曾经成立过电灯公司。可笑的是，那些当爱迪生苦心研究白炽电灯时，拿出经费支持的资本家们，对于设立电灯公司的事，反而全都畏缩不前。

他们以为，电灯倒是容易装好，只怕电费会比瓦斯灯还贵，而一般家庭负担不起。爱迪生费了九牛二虎之力总算说服了这些资本家们，并且担保电费一定会比瓦斯灯便宜。资本家这才决定出资。

1882年9月4日，爱迪生在纽约市设立了资本额达百万元的爱迪生电力照明公司。从不放过任何宣传机会的爱迪生，特别在公司的建筑物上装设了400盏电灯，入夜灯火通明，光芒四射。看到这不夜城的壮观，市民们也都希望自己家里能赶快装设电灯。

爱迪生开始计划不用灯柱而采用地下送电的办法，因为他不满意到处竖立电话线或电报线柱，这样不仅妨碍交通，而且也有碍观瞻。听说采用地下送电，首先反对的便是纽约市议会。

"如果电线在地下爆炸，岂不糟糕？"议员们这么一说，市民们也跟着起哄。纽约市议会一向有很大的势力，如果将议员们惹火了，还谈什么电灯？

没有更好的办法，爱迪生只得用特别专车邀请议员们到门洛帕克参观并妥为招待，费了好大工夫，说明电线不会爆炸，而且可以避免妨碍交通及美观，最后总算将议员们说服了。

议员们走了之后，爱迪生感慨地说："今天我算做了有生以来最长的演说，要说服他们就跟发明炭丝一样困难。"

纽约市的议员们都是市民的代表、社会的中坚，知识高过一般市民，连这样的人都以为电线会爆炸。这时候的爱迪生要开创一番新事业、新发明该有多么困难！

电灯公司已经设立，但还没有完全解决问题，因为电灯公司只负责送电，而发电机、灯泡、电线、插座、电表、安全器等等必需品，都需要其他公司来生产制造。

将这些实情告诉资本家们后，他们多半不很愿意，认为这是冒险："如果真能赚钱的话，多少钱也愿意出，可是到底有没有把握呢？"

听了这些话，爱迪生下定决心，不再向资本家求助了。

他将自己的全部财产拿出来，又向朋友们借了一些，这样才凑足所需资金。爱迪生买下一处旧工厂，改为发电机工厂。灯泡工厂原设于门洛帕克，现在把它迁往其他地方予以改建扩大。电线工厂是新建的，工厂主任则选最能信赖的约翰担任。这样，已经没有多余资金可用，剩下来的电表、插座、开关等只好委托朋友们的工厂制造。

真是相当艰难的开始，可是对将来一向抱持很大希望的爱迪生仍然满怀信心，经常鼓励部下。爱迪生要监督4个工厂的工作，回到研究所，来不及休息，又得立刻苦心改良各种电气器材，真是一人当作数人用。

在灯泡工厂制作好的灯泡，开始订契约，每个卖40美分，实际上，每个成本需要1美元10美分。因此，卖得越多，亏损也越大，部下都对这个定价不以为然。

"以后一定会赚钱，灯泡是我的专利品，别人不能制造，要卖2美元、3美元，全可由我决定。这样固然一开头就可赚钱，但吃亏的是一般家庭，如果电灯太贵，大多数家庭负担不起，那么，苦心为大家所做的发明就失去本来意义了！再忍耐一段时间，我相信一定会赚钱的。"

当爱迪生把机械改良后，灯泡成本显著降低，两年后成本降为70美分，三年后降为50美分。不过，仍然无利可图，到四年后成本已降到22美分，终于有利润了。

当他咬紧牙关，忍痛牺牲的时候，电灯越来越受人们欢迎，灯泡自然随而越卖越多，单只第四年的利润就可弥补前三年的亏损而有余。

当年建灯泡工厂的时候，资金不够，只好向厂内职工筹款，让他们成为股东。这些人起先以为可以分到红利，所以十分高兴，谁知工厂接连三年的亏损，不但没有红利，有时连薪水都发不出来，大家开始烦恼忧虑起来。

幸亏到了第四年赚了钱，每个月分一次红利，还有剩余，最后一星期就分一次红利。看到这种情形，四年前态度冷淡的资本家们这时候也大为改变，常常催促着爱迪生："请把经营工厂的权利让给我吧。"

这时，电气事业已经上了轨道，电灯一天比一天普及。"电灯的事，现在已经安定，我该开始从事另外的发明了。"由于爱迪生有这种想法，所以将灯泡工厂让给别人，一点也不觉得心痛。结果他将工厂以108万美元的价格卖给别人，然后用这笔钱还了债，剩下的就分给工厂里的同事。

实际上，这座工厂的建厂费是一万美元，是由爱迪生自己和职工们一点一滴的积蓄凑起来的，现在以这个价格卖出，总算没有叫人失望。分得丰厚利润的职工们都说爱迪生是"圣诞老人"。

直面挫折，坎坷化坦途

在电灯公司面临困境的时候，爱迪生坚持了下来，最终他让人们接受了电灯。

人生并非理想化的，我们要勇于接受前进道路上的各种考验，不断开拓进取，百折不挠，做一个勇敢的跋涉者。高尔基有句名言："苦难是一所学校。"人生道路是曲折的，它可能表现为徘徊彷徨的思考，坎坷曲折的经历，挫折逆境的困惑，命运之神的摆布。如果我们缺乏走坎坷不平之路的思想准备，在人生道路上一旦碰到苦难与挫折，就会陷入苦闷、焦虑、迷惘、忧愁，个别人甚至悲观失望，丧失驾驭生活的勇气和信心。

我们应该懂得，凡走过，必留下痕迹。人生没有永远的困境，乌云顶上便是晴空，它能照亮你的未来。

第三节　利用困境激发潜能

在人的天性中，有一种力量。这种力量隐藏在心灵深处。一旦处境危急时，这种力量就会爆发出来，使我们得救。

上有"困境"，下有"对策"

爱迪生原来就很喜欢电报机，尤其和一个叫狄克的朋友一起去参观电信局以后，他对电报的兴趣就更加浓厚了。

"狄克，我们两个人来做电报机，互相通信吧。"爱迪生兴奋地说。

"真是个好主意！"狄克开心地跳了起来。归途中，两个孩子就这样约定好了。

不论清晨或者是半夜，只要一有空闲，爱迪生和狄克就翻阅有关电信的书籍，专心致志地研究机器的构造和原理。

那时，电信事业才刚刚开始，要找一个隔电瓷和一条电线都不是容易的事。爱迪生和狄克绞尽了脑汁，终于想出用空瓶子来代替绝缘器的办法。不过，最让他俩伤脑筋的还是电流。

"啊！有办法啦！摩擦猫毛就能产生电流呀，我们来试试看！"爱迪生激动地说。

于是，他们从附近捉来了一只猫，开始用力摩擦猫身上的毛。

由于过力摩擦，猫感觉很不舒服，就在爱迪生手上拼命抓了一下，大叫一声后跑掉了。经过这样可笑的失败之后，他们终于从狄克家的屋顶到爱迪生家的树尖上装好了一条电线。

当电报机开始发报的时候，他们俩真是兴高采烈，唯一不高兴的就是爱迪生的父亲。

"阿尔瓦（爱迪生的小名），不要玩得那么晚，11点钟就应该睡觉的。"父亲严肃地说。

这样一来，爱迪生太失望了，卖完报纸回到家，总是在22时左右。如果23时就得睡觉，那可就没有多少时间了。很快，爱迪生又想出一个妙计。

有一个晚上，爱迪生空着手回家。

父亲问他："怎么啦？阿尔瓦，今天的报纸全部卖光了吗？"父亲在就寝前，总要读爱迪生带回来没卖出去的报纸，这已成为他每天的习惯了。

"不，还剩下几份，可是全都被狄克带走了。"

"那你去跟他要一份回来好了。"

"好，请您等一下，我去叫他看看。"

他走到电报机旁，"咔嗒、咔嗒"地搞了一会，电报机开始响了。

"爸爸，狄克说要把重要的新闻用电报发送过米。噢！是南北战争的消息，格兰特将军……"

父亲关切地问："格兰特将军怎么啦？"——爱迪生的计谋成功了！

于是，他们俩便借机实验到晚上一两点。

在面对父亲限时的"困境"面前，爱迪生动用自己的聪明头脑，使

问题迎刃而解。这也是利用"困境"激发了"潜能"。

有危机就有动力

曾经有一个故事，说一个农夫在山上拾到一只小鸟，一只很小很丑陋的鸟。农夫可怜它，就把它带回了家，跟其他小鸡一样，靠鸡妈妈喂养。渐渐的，小鸟长大了，农夫这才发现它原来是一只雄鹰，于是农夫就担心它吃鸡，想把它放飞。

可是由于小鹰从来没学过飞，怎么也飞不起来，这可把农夫难坏了。正在这时，来了一个智者，他把小鹰带到悬崖边上，使劲儿把小鹰往悬崖下边摔下去。刚开始时，小鹰急速下落，当快到崖底时，小鹰奋力一搏，最终飞了起来。

由此可见，有危机才有动力。所以，我们不能只想着给自己留后路，而要把自己逼上绝路。这样，我们才会最大程度发挥自己的潜能，取得奇迹般的成绩。

可以说，每一个人都能成功，只是敢不敢成功的问题。就像刚才所说，一个人的成就大小往往取决于他所遇到的困难程度。竖在你面前的栏杆越高，你跳得也越高。因此，适时地将自己逼到绝路，你的潜能将无限涌出，做出非凡的成就。

我们发现，那些真正意识到自己力量的人会永不言败。对于一颗意志坚定、永不服输的心来说，永远不会有失败。他会跌倒了再爬起来，即使其他人都已退缩和屈服，而他永远不会。

有多少次困难临头，开始以为是灭顶之灾，感到恐惧，受到打击，似乎无法逃脱，胆战心惊。然而，突然间我们的雄心被激起，内在力量被唤醒，结果化险为夷。

第四节　放慢速度的人
容易被苦难绊住

对于现代人来说，"速度"是学习和工作效率的体现。一旦速度慢下来可能就会给自己"惹上麻烦"。

速度反映发展状况

美国学者罗伯特·列文曾经做过一次关于《不同国家和地区的生活节奏的比较》的调查。其中，人们步行速度最快的前10个国家依次是：爱尔兰、荷兰、瑞士、英国、德国、美国、日本、法国、肯尼亚、意大利。步行速度的测试指标是：行人在闹市区单位时间内步行60英尺的速度。在这份调查报告里，中国城市，人们步行速度的排序是：香港排在第14位，台湾排在第18位，大陆排在第24位。从某种程度上说，人们的步行速度与国家的经济状况成正比，步行速度越快，说明经济越发达。

在罗伯特·列文主持的这项调查里，步行速度最快的前10个国家除肯尼亚以外，其余9个均为西方发达国家。

假如在中国大陆做一次步行速度测试，那么，城市的步行速度一定快于农村的步行速度，沿海地区的步行速度一定快于西部地区的步行速度，甚至，在相隔不远的广州和深圳，人们也会明显感觉到深圳人走路的速度比广州人快半拍。

在拥挤的街道上，谁也无法容忍走路太慢的人堵在你前面，伦敦人把这种烦恼称之为"人行道之怒"。牛津街是伦敦的商业黄金地段，大约有6万人在这一带工作。一项调查表明，在牛津街这片区域，有50%～60%的人每天都会遭受不同程度的"人行道之怒"。

为此，牛津街一些商家于2000年12月4日发起"人行道之怒觉醒周"活动，向市议会送呈提案，希望把街道两旁的人行道分为两条——"观光步行街"和"快速步行街"，并增派巡警，安装步行速度监测摄像机。规定在"快速步行街"上的步行速度不得低于3英里/小时。对步行速度低于3英里/小时的行人，应处以10英镑的罚款。

日本著名人力资源顾问福田永成曾在一本书里讲过这样一个故事：

某公司欲从两位市场营销人员中推选一位做主管，这两位候选人的实力旗鼓相当，难分上下。举棋不定之中，老板突发奇想，分别打电话叫他们到办公室来。结果，一位用了80秒，另一位则用了110秒。于是，老板决定让用了80秒的人做主管。

在追求成功的道路上，输家有时只比赢家慢30秒。

在海尔集团的一次干部会上，张瑞敏提出了这样一个问题："石头能浮在水面上的因素是什么？"答案五花八门，但都被否定了。最终，有人站起来回答："速度。"张瑞敏脸上露出了满意的笑容："正确。"

《孙子兵法》上说："激水之疾，至于漂石者，势也。"速度决定了石头能否漂起来。石头总是要往下落的，但速度改变了一切。用石头能打水漂，就告诉我们，石头在水面跳跃，是因为我们给了石头一个作用力，此外，它还具有足够在水面漂起来的速度。

在我们的人生道路上，没有人为你等待，没有机会为你停留。只有与时间赛跑，才有可能会赢。"早起的鸟儿有虫吃"，"笨鸟先飞早入林"，都是强调要赶在别人前头，不要停下来，这是竞争者的状态，也是胜利者的状态。我们要想在人生道路上获取成功，就必须比别人"走快"一些。

当心放慢速度而落后垫底

神舟电脑公司总是不断颠覆着一些传统的法则，因此在竞争如此激烈的电脑市场中能持续成长发展。探究根源，你会发现神舟的超常规经营和发展策略，其实是建立在真正理解和掌握电脑产业和中国市场特点的基础上的，其中的秘诀只有一个字：快！以最快的速度，采用最新的技术，带来的反而是更好的价格。

电脑产业的核心是集成电路芯片，特别是进行数据运算和处理的芯片，如中央处理器CPU、图形处理器GPU等，而关于芯片的发展趋势，英特尔公司的创始人戈顿·摩尔曾提出，"集成电路芯片上所集成的晶体管的数目，每隔18个月就翻一番"，这就是著名的"摩尔定律"。英特尔公司正是在摩尔定律的指引下成长为全球芯片产业巨头的，其后又以其在电脑产业的领导地位进一步延伸出新的"摩尔定律"，"微处理器的性能每隔18个月提高一倍，而价格下降一半"。每过2~3个时代，大家就开始预言摩尔定律即将失效，但人们总是找到了解决办法。时至今日，电脑产业的发展依然符合这一定律的指引。

在2001年的电脑市场上，出尽风头的当属TCL电脑公司。他们推出的当时最低价位的P4电脑赢得了市场足够的注意，同时也为集团公司的品牌形象增色不少。TCL电脑公司的成功，就在于它抢先一步进入了P4市场。2000年6月，他们就开始筹备，11月，正式开始实施市场推广活动，抢在国内大型电脑厂商前面，率先进入了家庭数码化时代。这正是一种捷足先登的做法。中国有句谚语说："早起的鸟儿有虫吃。"形象生动地说明了"捷足先登"的作用。

加拿大将枫叶旗定为国旗的决议通过的第3天，日本厂商赶制的枫叶小国旗及带有枫叶标志的玩具就出现在加拿大市场，销售火爆，而作为"近水楼台"的加拿大厂商则坐失良机。

有人曾形容说，美国人第1天宣布某项新发明，第2天投入生产，第3天日本人就把该项发明的产品投入了市场。做生意讲求抢头喽汤，抢在别人的前边下手，才能占得先机。这个道理人人都明白，但做起来时却少有人成功。

人生就如一场没有里程的马拉松比赛，如果前半程的领先者不思进取放慢脚步，甚至原地踏步，那么，在不知不觉中就会被超越。爱迪生获得那么多的发明专利就与他"速度快"有关，如果他散漫懈怠，没准儿哪项发明就会被别人抢了去。放慢速度就会有落后垫底的危险。

第五节　平静的水面
培养不出优秀的水手

恶劣的环境或强敌会让人们时刻准备着迎接挑战，而安逸的环境则会腐蚀人们的斗志，正如平静的大海培养不出优秀的水手一样。

安逸的环境会限制你的发展

娇嫩的花朵出自温室，参天的大树来自险峰。我们说，生存环境往往能够影响和改变一个人的命运。因为，恶劣的环境或强劲的敌人会让人们时刻准备着迎接挑战，而安逸的环境则会消磨人们的精神，正如温室的娇花无法盛放在险峰一样。

爱迪生的一生就不"平静"，甚至可以说他的一生是"多灾多难"的。由于爱迪生对许多事情感兴趣，都想动手尝试下，所以他经常碰到危险。一次，他到储存麦子的房子里，不小心一头栽到麦囤里，麦子埋住了脑袋，动也不能动了。他差一点窒息死去，幸亏被人及时发现，抓住爱迪生的脚把他拉了出来。还有一次，他掉进水里，结果像落汤鸡一样被人拉了上来，他自己也受惊不小。他4岁那年，想看看篱笆上野蜂窝里有什么奥秘，就用一根树枝去捅，脸被野蜂蜇得红肿，几乎连眼睛都睁不开了。十多岁的时候又因为在火车上做实验而别人打成耳聋。如此波折的一生，才让他不惧风浪，在发明创造的路上走得更远。

有这样一个有名的实验也许你并不陌生。

美国康奈尔大学的研究人员把一只青蛙冷不防丢进煮沸的水锅里，这只青蛙在千钧一发的生死关头，用尽全力跃出了水锅，跳到地面安然逃生。之后，他们使用一个同样大小的铁锅，这一回在锅里放满冷水，然后把一只青蛙放在锅里，并在锅底用炭火慢慢加热。这只青蛙在水里自由自在地游动着，享受着水中的"温暖"，却不知死神已经在慢慢降临了。等意识到水温已经超出它的承受范围，必须奋力跳出才能活命时，为时已晚。它已经不能动，只有在水中等死。

人生又何尝不是如此。当挫折、困难围追堵截之时，我们往往能杀出一条血路，最终得以功成名就，志得意满时，反而会阴沟里翻船，一败涂地。如果我们拿青蛙自比，那一锅滚开的热水就是对手给我们制造的一个危险的生存环境。所以，我们要感谢对手，感谢他们为我们营造了一个充满竞争的氛围，让我们时刻戒骄戒躁，时刻保持警惕，时刻挖掘自身的潜能。

有一个人将一条鱼放在一个特殊的鱼缸里。鱼缸的中间用一块透明的玻璃把鱼缸隔成两半，一半放着鲜嫩的水草，另一半则放着这条鱼。鱼儿饿的时候，就游过去想吃水草，结果被中间的玻璃撞了回来。鱼儿开始时并不罢休，接着又朝水草游过去，当然每次都被撞得"鼻青脸肿"，却仍然没有吃到那些美味的水草。

如此折腾了1周左右，鱼儿累得不想动了，饿了也只是望望那诱人的水草，却再也没有采取过什么行动。又过了一段时间，这个人把隔在鱼缸中间的玻璃取了下来，结果发现，这条鱼每天都可以在这些鲜美的水草中间游来游去，却从来也不张开嘴去吃这些水草——它已经认定了这些水草是吃不到嘴的。最后这条金鱼竟活活饿死了。

其实，我们每一个人都像这条鱼一样。在社会上，我们不可避免地会遭受挫折，遭遇失败。面对挫折和失败，我们可能会沮丧消沉，可能因劳而无获、希望破灭而心情沉重，也可能因为一次失败而从此一蹶不振，对自己失去信心，开始怀疑自己的能力，怀疑周围的一切。当机会真正降临时，也会视若无睹。正如这条鱼一样，最终宁愿饿死，也不敢去试一试，去拼一拼。

有竞争才会有发展

残酷的竞争环境往往能够磨炼我们的意志，让我们明白，有竞争才会有发展。

一天清晨，旭日东升，茫茫草原上的动物们已经开始练习奔跑了。

狮子母亲正在草原的这边教育小狮子："孩子，你必须跑得快一点，再快一点。如果你落在羚羊的后面，你就只能饿死。"

羚羊也在草原的那边耐心地教导小羚羊说："孩子，你必须要跑得快一点，再快一点。如果你不能远远地超过狮子，那么就只能被吃掉。"

这就是残酷的竞争。

在非洲奥兰治河的两岸，有两个羚羊群隔水而居。东岸羚羊的繁殖能力比西岸的强，奔跑速度也比西岸的快。后来，有一位动物学家对这些羚羊的生存环境和食物来源等各方面的条件进行了研究，仍然没有发现有何不同。但是多年的动物研究经验让这位动物学家确定，一定有某种因素影响着这两个羚羊群的生存境况。

在百思不得其解之余，他在东西两岸各选了10只羚羊，分别把它们送往对岸。一年后，运到西岸的10只繁殖到14只，送到东岸的10只剩下3只，另外7只全被狼吃了。于是，答案找到了：东岸羚羊强壮，是因为它们与狼为邻，而西岸羚羊弱小，是因为没有天敌。

没有天敌的动物往往最先灭绝，有天敌的动物则会逐步繁衍壮大。因为有了天敌不断威胁的残酷环境，就必须时时警惕，并锻炼出对付天

敌的本领；而如果没有天敌的威胁，身处温和平静的环境中，就会在无意中放松自己。久而久之，生存的能力就会慢慢退化。一旦天敌降临，就难以自卫，难逃灭亡的命运。

　　随着社会的发展进步，竞争将更加残酷和激烈，生存环境越来越严酷。残酷的环境可能是具体的人、具体的实体，也可能是困难、挫折、逆境、厄运。如果静下心来认真思考一下，也许我们会发现，真正让我们成熟起来的不是顺境，而正是这些逆境；真正让我们珍惜生命的不是阳光，而是死神；真正促使我们奋发努力的不是优越的条件，而是遇到的打击和挫折；真正逼迫我们坚持到底的，不是亲人和朋友，而是我们的对手；真正能促使我们成功的力量，往往聚积于与对手的竞争之中。

　　因此，我们必须保持斗争的状态，时刻准备在严酷的竞争中求得生存。在人生历程中，竞争是无法避免的，要生存就必须得面对竞争。既然竞争是社会发展的必然趋势，是我们无法回避的一种客观存在，我们就只能勇敢地去面对它，这样才能在激烈的竞争中取胜。

　　害怕竞争的人，一见到竞争就主动回避，一遇到强劲的对手就主动退让，息事宁人，他们只能是生活的弱者，生活给他们带来的只是诸多的不便和遗憾。他们的退让，他们的不争取，只能使机会一次又一次地在他们面前溜走，就算是有机会送上门来，也会被善于竞争的人抢去。他们无法体会到竞争给人带来的乐趣，就更不用说能做出多大的成绩。

第六节　没有绝望的处境，
只有对处境绝望的人

　　一个人即使在失去了所有的身外之物之后，他还有自己。如果躺在地上，心里认为自己很差劲，那就真的没有希望了。相反，如果仍然相信自己，勇气十足，绝不放弃，如果蔑视困难，决心从头再来，那么早晚能重整旗鼓。

无论处境如何艰难，爱迪生从不绝望

1914年12月9日晚，爱迪生的影片实验室突然起火，还有各种化学药品作为助燃剂，火势越烧越大。当爱迪生驱车赶到时，这里已是一片火海。

爱迪生赶忙指挥人们救火，不时从衣兜里掏出小本子记点什么。大家都觉得有点奇怪，以为这场突如其来的大火刺激了爱迪生健康的神经。后来才知道，爱迪生正在画着再建胶片车间的方案草图。几个小时后大火扑灭了，而爱迪生的重建蓝图也已经完成了，并在第二天投入重建工作。

爱迪生在这场突如其来的大火面前同样表现得十分乐观，他一边指挥消防队员灭火，一边在本子上记着重建计划，嘴里边一个劲地喊："喂，小伙子，快去喊你妈来，这么大的烟火千载难逢，以后可没有这样的机会看这么大的火了。"谁也没有想到，第二天爱迪生不但开始动工建造新车间，而且又开始他的另一项发明，即便"携式探照灯"。因为在灭火过程中，爱迪生看到消防队员在黑暗中举步维艰。

爱迪生在这场火灾中蒙受了重大损失，损失大约有三四百万美元。厂房和机器的投资，尤其是他制造的一些机器并没有被人们购买，都在大火中化为灰烬。

他的妻子米娜难过得几乎要哭出来，她伤心地说："多少年的心血，被一场大火烧了个精光。如今年老力衰，要重修这座实验室，可不容易啊。"

爱迪生反倒安慰她说："不要紧，别看我已经67岁了，可是我并不老。从明天早晨起，一切都将重新开始，我相信我还没有老得不能重新开始工作。"果然，爱迪生在第二天便投入了实验和研究工作中，他就像根本没有经历这场灾难似的，重整旗鼓，比以往更加勤奋，而后他又在有声电影的研究道路上大踏步地前进了。一场大火对他没有造成多大的影响。

在无声电影发展和完善的同时，人们从没忘记爱迪生设想的"会说话的电影"。

1927年10月23日，华纳兄弟电影公司才第一次成功拍摄了有背景声音、对白、音乐和歌唱的有声电影《爵士歌手》。这是电影第一次开口向观众讲话，它宣布了无声片时代的结束，为电影有声时代拉开了序幕。

在美国电影发展史的初期，爱迪生在这一领域占有相当重要的位置，这并不完全是因为他早期的发明或他的机器质量，而是因为他通过一系列法律活动，使他的摄影机和放映机在美国取得了专利保护。

为了独占电影的发明权，爱迪生在1897年宣布了一个"专利权的战争"。他聘请了许多律师为他工作，那些竞争者因此一个接一个消失了。由于只有爱迪生公司摄制的一些故事片和比活格拉夫公司摄制的低级短片，电影市场近乎被垄断，但是这些影片的质量非常糟糕。

随时窥伺商机的商人们发现，经营电影能够很快发财致富，不少人就想努力成为电影制造商，但是能够垄断这个行业的只有3家美国公司。

其中爱迪生影片公司和比活格拉夫影片公司，从电影产生时期就已从事这个行业，维太格拉夫影片公司则是在1889年才踏进这个圈子的。而它的两个创办人布莱克顿和史密斯早在1896年就合作经营影视业。

到了20世纪初，投影电影受到公众的热烈欢迎。在美国大多数城市都建起了小型电影院。在一些大剧院，歌舞杂耍表演结束后也要放映电影。观众总希望能看到新的影片，市场需要不断增加影片数量，需要不断地拍摄新影片。

爱迪生长期垄断着美国影片的生产，他曾大量复制欧洲竞争者的一些作品，但是版权法开始禁止这种行为，这使爱迪生不得不在影片制作的数量和质量上下功夫。新闻片摄影师埃德温·波特被爱迪生聘为他的摄影场的导演。

在爱迪生的发明之后，电影机的所有组成部分在1896年以前都被发明出来了。奥久斯特兄弟和路易·柳米耶尔在电工设计家卡尔潘季耶的直接参与下，制造了第一台在技术上令人满意的电影摄影机。虽然柳米耶尔等人的劳动具有巨大的意义，但他们并不是唯一的电影机发明家。

电影机就是那种有充分根据可以称之为"国际间共同努力的综合发明"之一。

爱迪生不是电影机的发明家，但他却以其对原始活动电影放映机的卓有成效的研究，使人们对这一新行业更加感兴趣，并促进了这一方面的研究工作的发展，而这一研究工作最终也推动了广泛用于文化、科学和技术领域中的放映活动物体图像的机器的研发。

爱迪生的影片实验室发生了火灾，之前所有的研究和努力化为了灰烬，这是一种令人绝望的处境，但是爱迪生没有绝望，他选择了乐观面对，他不惧怕重新开始。

或许有的人大半生都一帆风顺，积累财富，广交朋友，个性仿佛也很坚忍。但灾难突降，他们便失去了所有的一切。他们被击倒了，绝望了——物质的损失吞没了他们生存的勇气。

经历了如此沉重的打击，人人都会觉得希望渺茫。但是，即使是一个无知到不会写自己名字的人，如果他有坚强的承受力，他就还是有希望的，因为只要有勇气，就有希望。如果经受一次打击就灰心丧气，怨天尤人，毫无斗志，那他就没有希望。别人都已放弃，自己还在坚持；别人都已退却，自己仍然向前；看不见光明、希望却仍然孤独、顽强地奋斗着，这才是成功者的素质。

当精神极度沮丧的时候，虽然保持理智和乐观有时候很难，但只有这样，才能真正显示我们究竟是怎样的人。

永不屈服，与困境抗争

艾德14岁时因感染小儿麻痹症致使颈部以下瘫痪，必须靠轮椅才能行动，然而他却因此而有了不平凡的成就。他使用一个呼吸设备，白天得以过正常人的生活，晚上则有赖"铁肺"生存。得病之后他好几次几乎丧命，但他从不为自己的不幸伤心难过，反而期望能有朝一日帮助同样的患者。

他决定以自身的行动唤醒公众，不要以高高在上的姿态认为肢体残疾的人无用，而应顾及他们在生活中的不便之处。在他十余年中的努力下，社会终于注意到了残疾人的权利。如今，在许多国家的公共设施上都设有轮椅专用的上下斜道，有残疾人专用的停车位，帮助残疾人行动的扶手……这些都是艾德的功劳。艾德是第一个患有颈部以下瘫痪而毕业于加州大学伯克利分校的高才生，随后他又任职加州州政府复建部门的主管，也是第一位担任公职的身体严重残疾的人士。

艾德的事迹说明世界上没有绝望的处境，只有对逆境绝望的人。肢体上的不便并不能限制一个人的发展，重要的是他是否有决心要尽力克服这样的不便。只要相信自己，相信自己的潜能并将潜能发挥得当，所谓的缺陷、极限都是可以突破的。

从很多成功人士身上，我们可以深刻地感觉到，他们中的很多人之所以能发挥潜能获得成功，是因为有一些本可能会阻碍他们发挥潜能的缺陷反而促使他们加倍地努力而得到更多的报偿。

积极的心态是一种有效的心理工具，如果你认为自己能够发挥潜能，它就能使你产生错觉，从而使你如愿以偿。因为成功总是伴随着那些有自我成功意识的人，而失败总是伴随着那些在乎自我失败意识的人。

或许你的往事不堪回首，你没有取得期望的成功；或许你失去至爱亲朋，失去企业、住房；或许你因病不能工作，意外事故剥夺了你的行动能力……然而，即使你面对这一切的不幸，你也不能屈服。

你或许会说，你经历过太多的失败，再努力也没有用，你几乎不可能取得成功。这意味着你还没有从失败的打击中站立起来，就又受到了打击。事实上，只要永不屈服，就不会被彻底击败。不管失败过多少次，不管时间多晚，成功总是可能的。

如果你是一位强者，如果你有足够的勇气和毅力，失败只会唤醒你的雄心，让你更强大。美国女作家比彻说："失败让人们的骨骼更坚硬，肌肉更结实，变得不可战胜。"

杰出的鸟类学家奥杜邦在森林中刻苦工作了多年，精心制作了200多幅鸟类图谱，它们极具科学价值。但是度假归来后，他发现这些画都被老鼠糟蹋了。回忆起这段经历，他说："强烈的悲伤几乎穿透我的整个大脑，我连着几个星期都在发烧。"但当他的身体和精神得到一定恢复后，他又拿起枪，背起背包，走进丛林，从头开始。

我们都很熟悉卡莱尔在写作《法国革命史》时遭遇的不幸。他经过多年的艰苦劳动完成了全部文稿，他把手稿交给最可靠的朋友米尔，希望得到一些中肯的意见。米尔在家里看稿子，中途有事离开，顺手把它放在了地板上。没想到女仆把这当成了废纸，用来生火了。这呕心沥血的作品在即将交付印刷厂之前几乎全部变成了灰烬。卡莱尔听说后异常沮丧，因为他根本没留底稿，连笔记和草稿都被他扔掉了，这几乎是一个毁灭性的打击。但他没有绝望，他说："就当我把作业交给老师，老师让我重做，让我做得更好。"然后他重新查资料、记笔记，把这个庞大的作业又做了一遍。

即使你失去了其他任何东西，也不要失掉勇气、毅力和尊严。这是无价之宝，需要你用生命去保持。

对于一个真正的强者来说，失败根本不值一提。那仅仅是一个小小的插曲，是他事业中的一点小麻烦，一个真正强者的头脑中根本不存在失败的概念。就像爱迪生说的，"我从来没有失败，我只是证明了那些方法都不适合我的发明而已。"